Karl-Heinz Röhlin

FLÜGEL DER HOFFNUNG

Bibliografische Information der Deutschen Nationalbibliothek
Die Deutsche Nationalbibliothek verzeichnet diese Publikation in der Deutschen Nationalbibliografie; detaillierte bibliografische Daten sind im Internet über http://dnb.d-nb.de abrufbar.

Karl-Heinz Röhlin

FLÜGEL DER HOFFNUNG

ISBN 978 3 946083 55 9

1. Auflage

Gesellschaft für Innere und Äußere Mission
im Sinne der luth. Kirche e. V.

© Freimund-Verlag, Neuendettelsau 2020
www. freimund-verlag.de

Gesamtherstellung: Freimund-Verlag, 2020
Layout und Design: Silvia Bachl
Titelbild: Cape Otway, Australien, retuschierte Bildmontage aus Fotos von © Wikipedia und der freien Datenbank *pixabay*

Karl-Heinz Röhlin

FLÜGEL DER HOFFNUNG

Freimund-Verlag

Für
Lukas und Johanna,
Jakob, Emmi und Paula

———————————————————

„Nun aber bleiben Glaube, Hoffnung, Liebe, diese drei;
aber die Liebe ist die größte unter ihnen."

1. Korinther 13, 13

INHALT

Vorwort

„Victory over Corona" – seit April 2020 gibt es diese Plattform im Internet. Sie veröffentlicht nur positive Nachrichten zur Corona-Pandemie, z. B. täglich die Zahl der genesenen Patientinnen und Patienten. Eingerichtet wurde die Plattform, um den negativen Schlagzeilen positive Nachrichten entgegenzusetzen.

Auch dieses Buch setzt auf die Hoffnung. Dabei schreibe ich vor dem Hintergrund meiner Erfahrungen als Seelsorger und des christlichen Glaubens. In vielen Gesprächen mit chronisch Kranken oder Menschen mit Behinderungen ist mir die Hoffnung als Trotzreaktion des Glaubens begegnet. Der Glaube führt zur Hoffnung. In der Sprache der Bibel: „Nun aber bleiben Glaube, Hoffnung, Liebe, diese drei, aber die Liebe ist die größte unter ihnen" (1. Kor 13, 13).

Über die Hoffnung setzt der Apostel Paulus die Liebe. In seinem Klassiker „Die Kunst des Liebens" differenziert der Altmeister der Sozialpsychologie, Erich Fromm, verschiedene Formen der Liebe. Im Abschnitt „Über allem die Liebe" nehme ich seine Gedanken auf und verlängere sie hinein in den Horizont der Hoffnung. Dabei inspirierte mich der englische Philosoph Terry Eagleton. Er unterscheidet die Hoffnung vom bloßen Wunschdenken, Idealismus und blindem Fortschrittsglauben. In seinem Buch „Hoffnungsvoll, aber nicht optimistisch" legt er eine kluge Philosopiegeschichte der Hoffnung vor.

Hoffnung lässt sich nicht einfach wollen. Doch wir können Menschen und Gedanken aufsuchen, die unsere Hoffnung beflügeln. Mich haben viele Gespräche mit Viktor Emil Frankl und seine Bücher inspiriert. Frankl durchlitt und überlebte zwei Konzentrationslager und entwickelte dennoch eine sinnzentrierte Psychotherapie. Die Abschnitte „Trotzreaktion des Geistes" und „Sinn" gehen auf sein Sinnkonzept ein.

„Dum spiro, spero", solange ich atme, hoffe ich. So das lateinische Sprichwort. „Dum spiro, credo et spero", solange ich atme, glaube und hoffe ich. So das Bekenntnis des Glaubens. Der Theologe und Widerstandskämpfer Dietrich Bonhoeffer plädiert für einen aktiven Optimismus. „Den Optimismus als Willen zur Zukunft soll niemand verächtlich machen, auch wenn er hundertmal irrt. Er ist die Gesundheit des Lebens, die der Kranke nicht anstecken soll."

Nicht nur in Zeiten von Pandemien gilt: „Verbreitet Hoffnung – nicht das Virus". Ein Hinweis noch für eilige Leserinnen und Leser: Bitte lesen Sie das Buch langsam. Beginnen Sie am besten mit dem vorletzten Kapitel „Geduld". Sonst, wie es Ihnen gefällt. Von vorne bis hinten oder nur einige Abschnitte, die Ihre Hoffnung beflügeln.

Karl-Heinz Röhlin

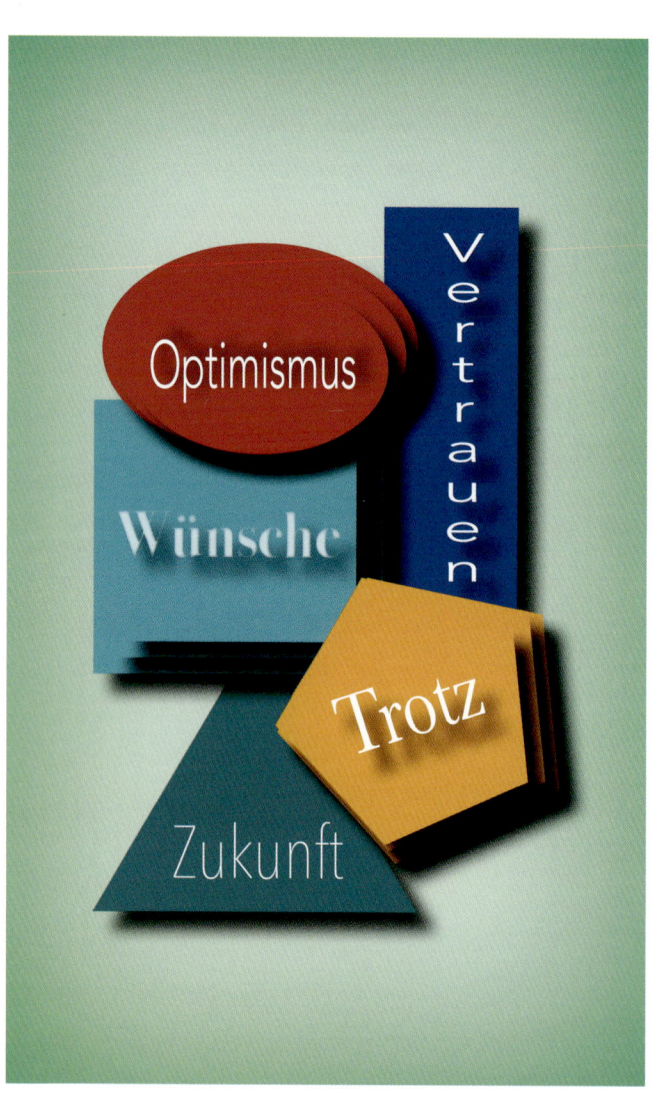

Facetten der Hoffnung

Die Hoffnung hat verschiedene Gesichter. Sie begegnet uns in Menschen mit einem sonnigen Gemüt. Sie begegnet uns in mitreißenden Optimisten, in Menschen mit Gottvertrauen. Die Hoffnung in uns wird durch die Liebe gestärkt. Sie ist aber immer auch in einen sozialen, politischen und philosophischen Kontext eingebettet.

Wünsche

Wünsche von Kindern stecken voller Zuversicht, dass sie in Erfüllung gehen. Zur Erfüllung tragen die Kinder in der Regel wenig bei. Immerhin äußern sie klar ihre Wünsche oder schreiben ihre Wunschzettel. Dementsprechend definiert der Philosoph Immanuel Kant den Wunsch als „Begehren ohne Kraftanstrengung zur Hervorbringung des Objekts".

Auch bei Erwachsenen richten sich die Wünsche meist auf etwas, das sie haben wollen (Besitz, Geltung, Macht) oder auf einen bestimmten Zustand (Gesundheit, inneren Frieden, Glück). Beide Formen der Wünsche wurzeln in unserem Lebenswillen und in Begierden. Sie können durchaus in die Irre führen. In Shakespeares König Lear heißt es: „Die Götter sind gerecht. Aus unseren Lüsten erschaffen sie das Werkzeug, uns zu geißeln." Und Wilhelm Busch charakterisiert die Maßlosigkeit der Wünsche so: „Wonach du sehnlichst ausgeschaut, es wurde dir beschieden. Du triumphierst und jubelst laut: Jetzt hab' ich endlich Frieden. Ach, Freundchen, rede nicht so wild, bezähme deine Zunge. Ein jeder Wunsch, wenn er erfüllt, kriegt augenblicklich Junge."

Im 19. Jahrhundert wurde Sigmund Freud zu einem radikalen Kritiker des „Wunschprinzips". In den Träumen seiner Patientinnen entdeckte er unterdrückte Triebe und unerfüllte Wünsche. Im Zuge seiner Traumdeutung kam Freud zu der These, dass die bewegende Kraft der Träume die Wunscherfüllung sei. Dem infantilen „Lustprinzip" setzt er das „Realitätsprinzip" entgegen. Die reife Persönlichkeit verzichtet darauf, der Welt mit dem infantilen „Wunschprinzip" zu begegnen.

Trotz fragwürdiger Wunschbilder sind Phasen der Regression für gesunde Menschen durchaus anregend. Wer den Zugang zu seinem Kindheits-Ich verliert, dem fehlt die Lust am Spiel und an ungehemmter Neugier. Kindliche Phantasien können Erwachsene inspirieren. Der Verzicht auf das „Wunschprinzip" führt allzu leicht zur Trägheit und Resignation.

Sigmund Freud selbst verharrte in einer Haltung, die man resignierte Tapferkeit oder tapfere Resignation nennen könnte. Für ihn waren weder Religion noch Fortschrittsglaube ein Speicher der Hoffnung.

In Friedrich Schillers „Don Carlos" ruft der Marquis von Posa: „Verachte nicht die Träume deiner Jugend." Wir könnten im Sinne von Sigmund Freud hinzufügen: Verdränge sie nicht! Reinige sie von egoistischer Begierde! Lass sie mit dir reifen! Hoffnungen und Wünsche verändern sich im Lauf des Lebens. Den kindlichen Wünschen folgen die Träume der jugendlichen Sturm- und Drangzeit. Im Alter konzentrieren sich die Wünsche auf das Notwendige im Leben. Oft überwiegt die Dankbarkeit. Reifen heißt nicht zum abgeklärten oder gar zynischen Realisten zu werden, der die Illusionen der Jugendlichen milde belächelt. Aufklärung der Wünsche führt zu sozialverträglichem Hoffen.

Ernst Bloch ergänzte Freuds Traumdeutung. Dem „Realitätsprinzip" stellte er sein „Jenseits des Realitätsprinzips" entgegen. Wünsche und Hoffnungen wachsen nicht nur aus infantiler Hilflosigkeit heraus. Sie werden von neuen Möglichkeiten angezogen. In den Träumen geht es nicht nur um die regressive Sehnsucht nach dem verlorenen Mutterschoß. Es geht zugleich um die progressive Sehnsucht nach einem Leben in Frieden, Freiheit und Gerechtigkeit.

Schon Aristoteles nannte die Hoffnung „den Traum eines Wachenden". Träume der „Wachenden" blenden die Realität nicht aus. Die Erinnerung an erlittene Schmerzen lässt über die Gegenwart hinausträumen und erweckt Hoffnungen für die Zukunft. Ein berühmtes Beispiel für den Traum eines Wachenden ist Martin Luther Kings fulminante „I have a dream-Rede" im Jahr 1963 vor dem „Lincoln Memorial" in Washington. Vor über 250 000 Menschen sprach Martin Luther King über seine Zukunftsvision von Amerika:

„Ich habe einen Traum, dass meine vier kleinen Kinder eines Tages in einer Nation leben werden, in der sie nicht wegen ihrer Hautfarbe, sondern nach dem Wesen ihres Charakters beurteilt werden." Noch heute teilen viele Amerikaner, die unter Polizeigewalt und Rassismus leiden, diese Zukunftsvision. Nach seiner Rede stufte das FBI Martin Luther King und seine Verbündeten aus der Bürgerrechtsbewegung als subversiv ein und betrachtete sie als Staatsfeinde der Vereinigten Staaten.

Aufgeklärte Wünsche und die „Träume der Wachenden" stellen sich etwas vor, was noch nicht ist, aber erreichbar erscheint. Die Hoffnung signalisiert den Wunsch nach Veränderung. Der „Brockhaus" bezeichnet deshalb die Hoffnung „als Fähigkeit sich Zukünftiges zu vergegenwärtigen". Die Vorwegnahme der Zukunft löst Gefühle aus, die unser Verhalten lenken. Die Hoffnung bewegt dazu, im Sinne des Erhofften zu handeln. So investieren Mütter und Väter in die Zukunft ihrer Kinder. Lehrlinge und Studierende bereiten sich auf ihren Beruf vor, in der Hoffnung auf einen Arbeitsplatz.

Wünsche gehen oft nicht in Erfüllung. Aber wie Frauen und Männer nach einer Trennung meistens neue Beziehungen suchen, so lässt sich die Hoffnung von Enttäuschungen nicht in die Verzweiflung treiben.

Trotzreaktion des Geistes

In ihrer Biographie „Becoming" beschreibt Michelle Obama eine für sie typische Schlüsselszene. Nach dem Abschluss an der High-School wollte sie an der Eliteuniversität in Princeton studieren. Sie ging zur Studienberatung und bekam zu hören: „Ich bin mir nicht sicher, ob Sie für Princeton taugen!" Michelle Obama war tief getroffen, doch sie resignierte nicht. Ihre Reaktion: „Als ich das Büro verließ, schäumte ich vor Wut. Mein Selbstwertgefühl war stark angekratzt. In diesem Moment war mein einziger Gedanke: ‚Dir werde ich es zeigen!'" Schließlich bekam Michelle Obama doch den Studienplatz und sie zeigte es allen. Und wie!

Trotzreaktionen brechen oft nach schweren Niederlagen auf. Nach dem Motto: „Jetzt erst recht!" Selbst in der Hölle der Konzentrationslager regte sich geistiger Widerstand. Viktor Emil Frankl spricht von der „Trotzmacht des Geistes". Die Weltanschauung der Häftlinge, ihre geistige Haltung, war eine letzte Bastion gegen die Verzweiflung. Seine Mithäftlinge ermunterte Frankl dazu, die Hoffnung nicht aufzugeben, weil selbst die erniedrigendsten Umstände ihre Würde nicht zerstören könnten. Denken wir über die Hoffnung nach, dann tun wir das immer vor dem Hintergrund einer mehr oder weniger explizierten Weltanschauung. Eine wichtige Frage dabei ist, welche Rolle die geistige Dimension des Sinnes und der Werte spielt. Aus der Perspektive der Philosophie und der Theologie zeichnet gerade sie den Menschen aus. Nur ihn. Dass Menschen sich allzu oft geist-los und verantwortungs-los verhalten, widerspricht dem nicht. Ein Flugzeug bleibt ja auch dann ein Flugzeug, wenn es im

Hangar oder auf dem Rollfeld steht. Aber sein Alleinstellungsmerkmal beweist es erst, wenn es abhebt und fliegt. Analog zeigt der Mensch seine spezifischen Möglichkeiten, wenn er sich über äußere Umstände hinweg in die Dimension des Geistigen aufschwingt.

Was charakterisiert nun die geistigen Fähigkeiten? Insbesondere befähigen sie zur Selbsttranszendenz. Gemeint ist damit die schlichte Einsicht, dass unser Ich auf ein Du angelegt ist. Erst durch die Begegnung mit einem Du entwickelt sich unsere Persönlichkeit, so der jüdische Religionsphilosoph Martin Buber. Und der Philosoph Karl Jaspers ergänzt: „Was der Mensch ist, das ist er durch die Sache, die er zur seinen macht."

Schon der biblische Schöpfungsmythos erzählt davon, dass der Mensch sich durch Begegnung und Gespräch entwickelt und verwickelt. Die Evangelien des Neuen Testaments akzentuieren die menschliche Selbsttranszendenz in verschiedenen Variationen, u.a. so: „Wer sein Leben erhalten will, der wird es verlieren, und wer es verliert, der wird es gewinnen." (vgl. Markus 8, 35 und Lukas 17, 33). Dieser Spur folgt auch Max Scheler in seiner philosophischen Weltanschauung: „Nur wer sich selbst verlieren will an eine Sache, der wird sich finden."

Die Betonung der Selbsttranszendenz widerspricht dem Trend zur Selbstoptimierung. Fragen wie: „Was nützt mir? – Was brauche ich?
– Was steigert mein Wohlbefinden?" verstärken
die Selbstbezogenheit. Wer sich jedoch primär um sich selber dreht, kommt nirgends hin.
In seinem Roman „Gertrud" erzählt Hermann
Hesse von dem Musiker Kuhn. Er leidet unter
seiner Einsamkeit und Schwermut. Nach dem
Tod seines Vaters sucht er Rat und Hilfe bei
seinem alten Lehrer. Der sagt dem Künstler
auf den Kopf zu, dass er unter eingebildeter
Einsamkeit und Schwermut leide. Gegen Ende
des Gesprächs ermutigt ihn der Lehrer: „Lernen
Sie einmal eine Zeitlang, mehr an andere, als an
sich selber zu denken! Es ist der einzige Weg zur
Heilung." Prompt meldet der Musiker Kuhn sei-
ne Zweifel an: „Wie soll ich das aber machen? Es
denkt doch jeder zuerst an sich selbst." Der alte
Lehrer widerspricht: „Das müssen Sie überwinden. Sie müssen zu einer gewissen Gleichgültig-
keit gegen Ihr eigenes Wohlsein kommen. Sie
müssen jemanden so lieben lernen, dass sein
Wohl Ihnen wichtiger ist als Ihr eigenes!"
Im Kontext der Selbsttranszendenz spricht
Viktor Frankl von einer „kopernikanischen
Wende": „Das Leben selbst ist es, das dem
Menschen Fragen stellt. Er hat nicht zu fragen,

er ist vielmehr der vom Leben her Befragte, der dem Leben zu antworten – das Leben zu verantworten hat."

Auf den ersten Blick erscheint diese „kopernikanische Wende" wie eine unsensible Zumutung. Aber es ist das Leben selbst, das in diese Zumutungen hineinstellt und Antworten fordert. Die „Trotzmacht des Geistes" wendet sich deshalb auch gegen die eigene Resignation.

Für manche Spielarten der Psychologie ist deshalb die Distanzierung von negativen Gedanken und Stimmungen eine sinnvolle Intervention. So ermutigt die „kognitive Verhaltenstherapie" dazu, sich von destruktiven Gedanken zu distanzieren. Wenn es in Krisensituationen gelingt, sich von negativen Einreden zu befreien, dann eröffnen sich neue, hoffnungsvolle Perspektiven.

Möglicherweise gibt es bestimmte Gene, die unsere Widerstandsfähigkeit begünstigen. Bereits vor dreißig Jahren wurde ein Gen entdeckt, das den Serotoninstoffwechsel im Gehirn reguliert. Serotonin wirkt sich auf unsere Stimmung aus. Es gibt uns ein Gefühl der Ruhe und Zufriedenheit, dämpft Angstgefühle und Aggressivität. Mangel an Serotonin hingegen führt oft zu Depressionen. Dennoch sind die Gene nicht unser Schicksal.

Aus der Forschung an Zwillingen wissen wir, dass sie sich nach der Geburt durchaus unterschiedlich entwickeln. Deshalb kann die Charakterbildung nicht nur von den Genen abhängen. Der Mensch wird selbstverständlich von biologischen Faktoren, von seinem sozialen Umfeld und von der politischen Großwetterlage geprägt. Aber er ist nicht das „Produkt" dieser Einflüsse. Die Vorstellung, dass unser Charakter determiniert sei, ist heute überholt. Die neuere Hirnforschung zeigt, wie sich unser Gehirn bis ins Alter durch neue Vernetzungen von Nervenzellen verändert. Neue Erfahrungen können alte neuronale Verknüpfungen überformen. Auch mentales Training und Meditation verändern unser Gehirn. Allerdings gehören dazu regelmäßige Übungen.

Eine Frage des Vertrauens

Die Corona-Pandemie war und ist ein Vertrauenstest. Politiker vertrauen den Virologen. Bürgerinnen und Bürger vertrauen weitgehend den Entscheidungen der Behörden. Patienten vertrauen den Diagnosen der Ärzte.
Doch nicht nur in Krisenzeiten wird deutlich, dass ohne Vertrauen nichts geht. Kinder vertrauen ihren Eltern. Partnerschaften leben vom

Vertrauen und sie zerbrechen, wenn Vertrauen missbraucht wird. Der Kunde vertraut dem Kfz-Meister, dass er beim Reifenwechsel die Schrauben festzieht. Und der Handwerker geht selbstverständlich davon aus, dass der Kunde seine Rechnung bezahlt.

Doch wie entsteht unser Vertrauen und was hält es am Leben? Der amerikanische Psychologe Erik Erikson befasste sich intensiv mit der Frage, wie Vertrauen entsteht. Er spricht von dem Gefühl eines „Urvertrauens", das sich im ersten Lebensjahr durch die Beziehung zur Mutter entwickelt. Dieses Urvertrauen ist die Grundlage der gesunden Persönlichkeit. Erlebt das Kleinkind die zuverlässige Fürsorge der Mutter nicht, dann wächst aus den Unlustgefühlen ein Ur-misstrauen. Bei Erwachsenen zeigt sich dieses Misstrauen in fehlendem Selbstvertrauen und in einer pessimistischen Haltung. Für die Entwicklung der Persönlichkeit ist es deshalb gut, ein ausreichendes Maß an Urvertrauen zu erreichen.

Doch nicht nur frühe Erfahrungen fördern unser Vertrauen. Auch Erwachsene sind darauf angewiesen, dass ihr Vertrauen im Alltag gestärkt wird. Eine wichtige Rolle spielen dabei erlebte Zuverlässigkeit und Aufrichtigkeit in der Begegnung mit Anderen. Gerade weil wir Vertrauen oft „blind" und ohne Absicherung gewähren, sind diese Erfahrungen wichtig. Auch die eigene Zuverlässigkeit. Dabei geht es nicht darum, perfekt zu sein. Im Gegenteil. Werden Fehler und Versäumnisse offen kommuniziert, dann wird das Vertrauen sogar gestärkt.

Ein positives Beispiel dafür ist der Virologe Christian Drosten. Im Mai 2020 veröffentlichte er einen Artikel, der untersuchte, ob Kinder, die sich mit dem Coronavirus infiziert hatten, genauso ansteckend sind, wie Erwachsene. Kaum war die Studie im Internet veröffentlicht, meldeten sich Kritiker zu Wort. Sie bemängelten die angewandten Statistikmethoden. Christian Drosten nahm die Kritik positiv auf, überarbeitete die Studie und gewann einen Kritiker sogar als Co-Autor. Das Vorgehen von Christian Drosten war transparent und nachvollziehbar. Im Wissenschaftsbetrieb ist seine Glaubwürdigkeit dadurch sogar gestiegen. Lediglich die „Bildzeitung" versuchte den Virologen zu diskreditieren.

Vertrauen wirkt wie ein sozialer Kitt und ist gerade für eine funktionierende Demokratie unverzichtbar. Im politischen Kontext geht es nicht um blindes Vertrauen, sondern um Vertrauen, das durch offene Kommunikation und durch Kontrolle gestärkt wird. Auch gesellschaftliche Institutionen und Organisationen leben vom Vertrauen und von der demokratischen Kontrolle. Wird das Vertrauen durch schwerwiegendes Fehlverhalten und Vertuschungsversuche erschüttert, dann hat das weitreichende Folgen. Das Staatsversagen bei der Aufklärung der NSU-Morde, der Missbrauch von Kindern in den Kirchen und der Abgasbetrug des VW-Konzerns sind Beispiele dafür.

Bei allem Versagen zeigen diese negativen Beispiele aber auch die Stärken des Rechtsstaates und der Demokratie: Pressefreiheit, Gewaltenteilung und Rechtsstaatlichkeit. Recht und Gerechtigkeit schützen die Opfer und helfen, zerstörtes Vertrauen wieder aufzubauen.

Die „Explosion der Vielfalt" (Charles Taylor) und die Komplexität unserer vernetzten Welt machen es für den Einzelnen immer schwerer sich zu entscheiden: Was ist gut und richtig? Was sind Fake News? Welcher Expertenmeinung soll ich mich anschließen? Hier kommt wieder das Vertrauen ins Spiel. Da Expertisen und politische Programme immer von Personen vertreten werden, spielt ihre Vertrauenswürdigkeit eine zentrale Rolle. Von Führungspersonen in Wirtschaft und Politik erwarten viele Menschen zu Recht Aufrichtigkeit. Nicht Irrtümer und Fehler führen zu Vertrauenskrisen, sondern Lügen. Wissenschaft und Demokratie brauchen eine fehlerfreundliche Kultur. Gerade die Wissenschaft lebt ja von Versuch und Irrtum. Ihre Fähigkeit zu Kritik und Transparenz ist ein Zeichen der Hoffnung.

Auch der christliche Glaube ist eine Frage des Vertrauens. Christinnen und Christen sehen ihr Leben nicht nur in soziale Beziehungen eingebettet, sondern in einen umfassenden Sinnzusammenhang. Dieser Glaube lässt sich nicht durch Versuch und Irrtum beweisen. Er geht über das hinaus, was wir zählen, messen und wiegen können. Der Philosoph Ludwig Wittgenstein bemerkt dazu: „Wir fühlen, dass selbst wenn alle möglichen wissenschaftlichen Fragen beantwortet sind, unsere Lebensprobleme noch gar nicht berührt sind."

Was sind unsere Lebensfragen? Es sind die Fragen nach dem Woher und Wohin des Lebens. Gibt es ein Leben nach dem Tod? An welchen Werten soll ich mich orientieren? Wo finde ich im Leben Trost und Sinn? Der Glaube gibt nicht auf alle Fragen eine Antwort. Er löst auch nicht alle Probleme und doch hilft der christliche Glaube hoffnungsvoll zu leben.

In den ersten Zeilen seines Gedichtes „Patmos" verdichtet Friedrich Hölderlin das Vertrauen des Glaubens so:

> *„Nah ist*
> *und schwer zu fassen der Gott.*
> *Wo aber Gefahr ist, wächst*
> *das Rettende auch."*

Mehr als Optimismus

Der französische Philosoph Voltaire schrieb im Jahr 1759, vier Jahre nach dem schweren Erdbeben von Lissabon, sein großes Werk: „Über den Optimismus". Die bittere Botschaft des Buches: Optimismus ist lächerlich. Die naive Hauptfigur, Candide, erlebt bei ihrer Reise durch Europa eine Katastrophe nach der anderen. Der Optimismus, den ihm sein Erzieher Pangloss predigt, wird so ad absurdum geführt. In der Person des Erziehers konnten die Leserinnen und Leser damals unschwer den deutschen Universalgelehrten Gottfried Wilhelm Leibnitz erkennen. Leibnitz lehrte einen „metaphysischen Optimismus." Die bestehende Welt bezeichnete er als die „bestmögliche aller Welten".

Voltaire oder Leibnitz? Nach zwei Weltkriegen im 20. Jahrhundert und dem Holocaust fällt es schwer, von der „bestmöglichen aller Welten" zu sprechen. Auch der Klimawandel und weltweite Pandemien motivieren nicht gerade zu einem „metaphysischen Optimismus".

Heute trägt die Psychologie zu einem Optimismusboom bei. Die Resilienzforschung rät zu einem „gemäßigten Optimismus". Ihre These: „Wer zuversichtlich auf Herausforderungen zugeht, erreicht am ehesten positive Ergebnisse". Politiker und Politikerinnen nehmen diese Vorlage gerne auf. Am Wahlabend des 4. November 2008 hielt Barak Obama seine „Yes, we can-Rede" an die amerikanische Nation. Er beschrieb die großen Aufgaben der vor ihm liegenden Amtszeit. Seine mitreißende Rede schloss mit den Worten: „Und wenn uns Zweifel begegnen, die uns einreden, es nicht zu schaffen, dann antworten wir darauf: „Yes, we can!" Ähnlich Angela Merkel. Im Jahr 2015 sagte sie vor der Bundespressekonferenz zur Flüchtlingskrise: „Wir haben schon so viel geschafft. Wir schaffen das!".

Optimisten blicken mit positiven Erwartungen in die Zukunft. Mit ihrer Zuversicht stecken sie andere an. Überzogene Glücks- und Erfolgsversprechen entwickeln jedoch eine fragwürdige Dynamik. So locken Erfolgstrainer und Motivationsgurus wie Jürgen Höller Leute in sündhaft teure Workshops. Dort herrscht zwanghafter Optimismus nach dem Motto: „Sei optimistisch!" – „Gib dem Zweifel keine Chance!" – „Konzentriere dich auf das Positive!" Wer mit chronischen Krankheiten, schwerer Behinderung oder traumatischen Erlebnissen kämpft, kann mit Durchhalteparolen und positiver Selbstmanipulation wenig anfangen.

Die Ideologie des positiven Denkens birgt Risiken und Nebenwirkungen. Heute leiden Menschen nicht nur darunter, dass bei ihnen beruflich oder privat etwas schiefläuft. Sie fühlen sich auch noch schuldig, weil ihnen eingeredet wird, dass Glück und Erfolg machbar sind.

Der Psychologe Erik Erikson spricht bei Kindern von einem „schlecht angepassten Optimismus". Er hindert Kinder daran, Grenzen zu akzeptieren und die eigenen Wünsche den Bedürfnissen anderer anzupassen. Eben dies fällt Menschen schwer, die unter der Diktatur des Optimismus leiden. Zu Beginn der Corona-Pandemie schwankte Donald Trump zwischen Nicht-wahrhaben-wollen und optimalistischen Prophezeiungen für die amerikanische Wirtschaft. Bibelkundigen drängen sich da Worte von Jesus Sirach auf: „Unweise Leute betrügen sich selbst mit törichten Hoffnungen".

Nicht selten verbindet sich der Optimismus mit dem Glauben an den grenzenlosen Fortschritt von Wissenschaft und Technik. Dass es in der Geschichte der Menschheit herausragende Entdeckungen gegeben hat, ist offensichtlich. Dies bedeutet jedoch nicht, dass sich die Lebensbedingungen unaufhaltsam zum Besseren entwickeln. Naiver Fortschrittsglaube und zwanghafter Optimismus verdrängen Gefahren und Risiken. Sie konterkarieren die Hoffnung. Hoffnungsvolle Menschen dagegen weichen der Realität nicht aus. Sie stellen sich den Fakten, auch wenn sie unangenehm sind. Hoffnung brauchen wir dann, wenn uns das Wasser bis zum Hals steht und die Lage ernst ist. Der österreichische Kaiser Franz Josef soll einmal gesagt haben, dass die Lage in Berlin ernst, aber nicht hoffnungslos sei, in Wien dagegen hoffnungslos, aber nicht ernst.

In seinem Werk „Homo viator" beschreibt der französische Philosoph Gabriel Marcel die Hoffnung als eine „fundamentale Struktur des menschlichen Daseins". Er spricht von einer „absoluten Hoffnung", die über konkrete Wünsche und Objekte hinausstrebt. Dabei setzt G. Marcel die Hoffnung dem Optimismus entgegen. Der Optimist ist der festen Überzeugung, dass sich die Dinge positiv entwickeln. Die wahre Hoffnung gilt nicht einem bestimmten Ereignis, das kommen soll, sondern dem Neuwerden der eigenen Existenz insgesamt. Hoffnung kann es nur dort geben, wo auch das Scheitern möglich ist.

Der große Philosoph der Hoffnung ist zweifellos Ernst Bloch. Mit seinem dreibändigen Werk „Das Prinzip Hoffnung" wurde er Mitte der sechziger Jahre zum Propheten der westlichen Linken. Die Entwicklung der Menschheit läuft, so Bloch, auf die klassenlose Gesellschaft zu. Die Hoffnung bezieht ihre Kraft aus dem, was kommen wird. Sie hilft der „unerlösten Gegenwart" standzuhalten und gibt zugleich Impulse zu Veränderung. Die angemessene Grundhaltung des Menschen ist deshalb die marxistisch fundierte Hoffnung. Sie ist nicht nur ein Grundzug des Bewusstseins, sondern entspricht der „objektiven Wirklichkeit". In allem sieht Bloch die Hoffnung eingezeichnet: In der Geschichte, in der Kunst, in politischen Freiheitsbewegungen, sogar in der Religion. Im Gegensatz zu Karl Marx kann für Ernst Bloch auch die Religion Ausdruck von Hoffnung sein. Religion entspringt seiner Meinung nach der Differenz zwischen dem, was ist und dem, was kommen wird. Mit Gottes Wirken in der Geschichte rechnet der Philosoph der Hoffnung allerdings nicht. Gott wird für ihn zur „Chiffre für das Ideal des vollendeten Menschen".

Die Zukunft ist offen

Hoffnung ist auf Zukunft ausgerichtet. Deshalb führen wir Terminkalender, planen Urlaubsreisen und sorgen für unser Alter vor. Die Zukunft ist zwar noch nicht da und doch wirkt sie in die Gegenwart hinein.

Unsere Gegenwart hängt aber auch von der Vergangenheit ab, der Familiengeschichte und von historischen Ereignissen. Je weiter der Blick in die Geschichte zurückgeht, umso schwieriger wird die Interpretation. Dabei beruht das jeweilige Geschichtsverständnis nie nur auf historischen Fakten, sondern immer auch auf Deutungen. Diese Deutungen waren und sind oft von Interessen geleitet und deshalb anfällig für Ideologien.

Im 20. Jahrhundert erlebten wir den Zusammenbruch der nationalistischen und der marxistischen Geschichtsinterpretation. Für die nationalsozialistische Ideologie in Deutschland war die Geschichte ein Kampf der Nationen und Rassen um Dominanz nach dem Motto:

„Heute gehört uns Deutschland und morgen die ganze Welt". Nach dieser Geschichtstheorie hätte der Untergang des Hitlerreiches den Untergang des deutschen Volkes bedeuten müssen.

Die marxistische Philosophie deutete die Geschichte nicht als einen Kampf der Rassen, sondern der Klassen. Sie wollte den Beweis liefern, dass der Sozialismus mit historischer Notwendigkeit kommen müsse. Diese Ideologie führte unter Lenin und Stalin zu schlimmen Verbrechen, die als notwenige Maßnahmen gegen die Feinde der Revolution verkauft wurden.

Nach dem Zusammenbruch der Sowjetunion erklärte der amerikanische Politologe Francis Fukujama im Jahr 1992 das Ende der Geschichte. Demokratie und Marktwirtschaft hätten sich als Ordnungsprinzipien durchgesetzt. Auch diese kühne Behauptung erwies sich als falsch. Die Globalisierung brachte verschiedene Machtzentren hervor. China bekämpft nicht nur im eigenen Land demokratische Prinzipien.

Seit Beginn der Corona-Pandemie breiten sich in Deutschland krude Verschwörungstheorien aus. Impfgegner, Reichsbürger, Antisemiten und „Querdenker" schließen sich zusammen. Sie schwadronieren von einer „Weltverschwörung" der Eliten und halten das Corona-Virus für eine Erfindung von Politikern und Medien. Besonders der QAnon-Kult findet über die sozialen Medien immer mehr Anhänger. Ein schwäbischer Q-Anhänger sagte im SPIEGEL 39/2020, es werde bald eine Revolution geben, „idealerweise friedlich." Auf die Frage: „Und wenn das nicht funktioniert?", antwortete er: „Dann wird der dritte Weltkrieg ausbrechen. Und das wird der letzte sein."

Der Philosoph Karl Raimund Popper erkennt an der Schwelle zum 21. Jahrhundert eine „zynische Geschichtsinterpretation". Sie lässt sich von düsteren Prognosen leiten und flüchtet in politische Abstinenz. Demgegenüber plädiert Karl Popper für einen kritischen Rationalismus, der die Errungenschaften der westlichen Demokratie verteidigt. Über die Zukunft macht er keine Voraussagen. Sie ist offen. Es gibt keine historischen Gesetzmäßigkeiten. Auch nicht das Gesetz des Fortschritts. Die offene Zukunft birgt unabsehbare Möglichkeiten. Deshalb soll nicht die bange Frage dominieren: „Was wird kommen?", sondern die Frage: „Was können wir tun?" Seine Thesen zur Zukunft fasst Karl Popper so zusammen: „Die Zukunft ist weit offen. Sie hängt von uns ab, von uns allen. Sie hängt davon ab, was wir und viele andere Menschen tun und tun werden. Und was wir tun und tun werden, das hängt wiederum von unserem Denken ab und von unseren Wünschen, unseren Hoffnungen und Befürchtungen".

Karl Popper weist darauf hin, dass von der Gegenwart nicht auf die Zukunft extrapoliert werden kann. Und doch wirken unsere Vorstellungen von der Zukunft auf unsere Gegenwart zurück. Die sogenannte „Zukunftspsychologie" beschäftigt sich mit eben diesen Fragen, wie Bilder von der Zukunft unser Handeln in der Gegenwart beeinflussen. Der amerikanische Psychologe Martin Seligmann fragt: Was stimmt Menschen hoffnungsvoll? Was fördert ihre Resilienz? In seinem Buch „Homo prospectus" formuliert er die These: „Die prognostischen Fähigkeiten des Menschen ermöglichen nicht nur, sich neues Verhalten auszudenken, sondern auch sich durch imaginierte Zukunft zu motivieren". Wirklichkeit entsteht demnach durch Visionen, die auf uns zurückwirken.

Die christliche Theologie entwickelte im Laufe der Geschichte verschiedene Zukunftsvisionen. Schon der Apostel Paulus zeichnet das Hoffnungsbild von einer neuen Schöpfung. Die Heilszeit ist für den Glaubenden mit Christus schon angebrochen. Die Zukunft schon Gegenwart. Paulus bewegt sich mit dieser

Hoffnung zwischen den Zeiten: Zwischen der jetzt schon erfahrbaren Gotteskraft und der noch ausstehenden Vollendung der Schöpfung.

Der katholische Theologe Teilhard de Chardin setzt auf eine immanente Zukunftshoffnung. Beeinflusst von der Evolutionslehre Darwins sieht er den Strom des Lebens als evolutionären Prozess. Die Welt wird immer mehr von der wirkenden Kraft des Geistigen durchdrungen. Im Laufe der Evolution entwickelt sich aus der Geosphäre die Biosphäre, aus der Biosphäre die geistige Sphäre und aus der geistigen Sphäre die göttliche Sphäre. Ein Schlusspunkt der Evolution wird der Punkt Omega. Er markiert nicht nur die Verbindung von Gott und Welt, sondern zugleich die Wiederkunft Christi.

Mit seinem Glauben an die Zukunft Gottes inspirierte Teilhard große Theologen des 20. Jahrhunderts wie Karl Rahner und Jürgen Moltmann. Gerade Jürgen Moltmann entwirft mit seiner „Theologie der Hoffnung" eine Vision von der Zukunft Gottes. Den Gott der Hoffnung haben wir nicht in uns oder über uns, sondern nur vor uns. Der christliche Glaube ist deshalb für Jürgen Moltmann der ständige Exodus aus dem Status quo: „Glauben heißt die Grenzen in vorgreifender Hoffnung zu überschreiten." So führt der Glaube zum Engagement für die Welt von morgen.

Was bedeuten die philosophischen und theologischen Zukunftsvisionen angesichts der Corona-Pandemie? Die offene Zukunft motiviert zum Handeln. Was kommen wird hängt nicht zuletzt von dem ab, was wir glauben und hoffen. Viele Menschen in Deutschland und Europa sehnen sich nach der „alten Normalität" zurück. Doch die Zukunft ist nie eine Kopie der Vergangenheit. „Wenn die Dinge so bleiben sollen, wie sie sind, dann werden sie sich ändern müssen" (Tomasi Lampedusa).

Die christliche Hoffnung ermutigt zur Umkehr, zum Exodus aus dem Status quo. Sie schützt dabei vor einer doppelten Enttäuschung: der Resignation einerseits und vor fragwürdigen Utopien andererseits. Die Resignation hält die Wende zum Guten für unmöglich. Politische Utopien versprachen den Himmel auf Erden und führten doch ins Tal der Tränen. Die christliche Hoffnung erwartet Gottes neue Schöpfung, in der Frieden und Gerechtigkeit wohnen. Sie bewegt dazu, konkrete Schritte auf das Erhoffte hin zu tun.

Tragische Hoffnung

Eine alte chinesische Legende erzählt von einer Mutter, deren einziger Sohn gestorben war. In ihrem Schmerz ging sie zu einem heiligen Mann und fragte ihn: „Welche Gebete und Beschwörungen kennst du, um meinen Sohn wieder zum Leben zu erwecken?" Er sagte zu ihr: „Bring mir einen Senfsamen aus einem Haus, das niemals Leid kennengelernt hat. Damit werden wir den Kummer aus deinem Haus vertreiben." Die Frau begab sich nun auf die Suche nach dem Senfkorn. Sie kam zu einem vornehmen Haus, klopfte an die Tür und sagte: „Ich suche ein Haus, das niemals Leid erfahren hat, ist hier der richtige Ort?" Die Bewohner sagten zu ihr: „Da bist du an den falschen Ort gekommen" und sie zählten all das Unglück auf, das sich jüngst bei ihnen ereignet hatte. Die Frau blieb und tröstete sie. Dann suchte sie weiter ein Haus ohne Leid. Aber wo immer sie hinkam, in Hütten oder Paläste, überall begegnete ihr das Leid. Schließlich beschäftigte sie sich ausschließlich mit dem Leid anderer Leute und vergaß den eigenen Kummer.

Wenn Hoffnung kein billiger Trost sein soll, dann muss sie sich dem Kummer und den Katastrophen stellen. Allein schon der Blick auf das 20. Jahrhundert mit zwei Weltkriegen und dem Grauen des Holocaust legt die Vermutung nahe, dass die Geschichte der Menschheit und die Hoffnung sich nicht reimen. Philosophen sprechen deshalb von der „tragischen Struktur des Daseins". Viktor Emil Frankl bringt es auf den Punkt, wenn er schreibt, dass „menschliches Sein zutiefst und zuletzt auch Passion ist." Dem Homo sapiens stellt er den Homo patiens entgegen und den Imperativ „Wage zu Wissen" ergänzt er: „Wage zu Leiden."

Die „tragische Struktur des Daseins" muss jedoch nicht in der Verzweiflung enden. In Stanley Kubricks Film „Spartakus" wird der Sklavenführer gefragt, ob ihm klar sei, dass sein Aufstand in der unvermeidlichen Niederlage enden werde. Spartakus antwortet, dass der Sklavenaufstand der Freiheit diene. Selbst wenn alle erschlagen würden, sei die Revolte nicht umsonst gewesen. Im Gegenteil würde so deutlich, dass sie sich der Sache der Freiheit bedingungslos verschrieben hätten. Der Sklavenaufstand selbst, egal wie er ausgeht, wird von Spartakus als Erfolg gewertet. Ohne Kampf würden Spartakus und seine Gefährten mit dem Verlust ihrer Selbstachtung bezahlen.

Damit stehen wir vor der Frage, was angesichts von Scheitern und Schuld, Verzweiflung und Vergänglichkeit, noch bleibt. Paradoxerweise keimt für manche Philosophen und Dichter gerade in der Hoffnungslosigkeit die Hoffnung. So erklärt Max Horkheimer, Arthur Schopenhauer wisse deshalb mehr als andere von der Hoffnung, weil er sich in einer Situation der Hoffnungslosigkeit befinde. Und Gefangene, die zu einer lebenslangen Haftstrafe verurteilt wurden, berichten, dass die Hoffnungslosigkeit sie am Leben hält, weil sie so nicht mehr enttäuscht werden können.

Ob Philosophen oder Inhaftierte – hoffnungslose Menschen müssen nicht im Schweigen versinken. Arthur Schopenhauer schrieb seine pessimistische Weltsicht in Büchern nieder und Gefangene fassten ihre Verzweiflung in Worte. „Erreichbar, nah und unverloren blieb inmitten der Verluste die eigene Sprache", schreibt Paul Celan und ergänzt: „Sie, die Sprache, blieb unverloren, trotz allem." In der Hoffnungslosigkeit tastet sich die Sprache wie ein blinder Bettler immer weiter. Solange es Sprache gibt, bleibt Hoffnung möglich. Klagend ringen wir um Worte, um Unglück und Katastrophen zu verstehen. Das größte Unglück wäre das Verstummen.

Schon in den Klagepsalmen der Bibel begegnet uns die verwandelnde Kraft der Sprache. Der 63. Psalm beginnt mit den Worten: „Gott hilf mir! Denn das Wasser steht mir bis zur Kehle. Ich versinke im Schlamm, wo kein Grund ist, ich bin in tiefe Wasser geraten und die Flut will mich ersäufen. Ich habe mich müde geschrien, mein Hals ist heiser. Meine Augen sind trübe geworden, weil ich so lange harren muss auf meinen Gott."

Zwar hebt die Klage das Leiden nicht einfach auf, aber sie klärt Gedanken und Gefühle. Die Klage führt über die stumme Verzweiflung hinaus. Sie ringt mit der Frage nach dem Sinn des Leidens.

Weder die Theologie noch die Philosophie können den Sinn des Leidens erklären. Wenn die Theologie argumentiert, Leiden sei notwendig, um den Menschen zu läutern, oder Leiden sei eine Strafe Gottes, dann überzieht sie ihr Konto. Glauben bedeutet eben nicht, auf alle Fragen eine Antwort zu haben, sondern mit Zweifeln leben zu können.

Dazu passt die Geschichte von den beiden US-Soldaten, die in Korea verwundet wurden. Im Lazarett wurden sie von einem Reporter gefragt, was sie vom Sinn ihrer Verletzung und

ihres Leidens hielten. Worauf der eine antwortete: „People ask for too much" und der
andere: „God has his idea of what he wants to
do with us."

Hoffnung als Tugend

„Tugend" ist heute ein verstaubter Begriff, mit Patina überzogen. Alte Kalendersprüche sprechen von der „tugendsamen Hausfrau". Spötter reißen ihre Witze über scheinheilige Tugendbolde. Im Gegensatz dazu spielt die Tugendlehre in der philisophischen Diskussion durchaus eine Rolle. Nach dem Guten zu streben, ist zutiefst menschlich. Helden und Heilige werden zu recht verehrt.

Bezeichnen wir Hoffnung als Tugend, dann wird deutlich: Sie ist mehr als ein heiteres Naturell, mehr als Optimismus, mehr als ein Gefühl. Hoffnung schließt Wert- und Sinnorientierung mit ein. Auch den Einsatz für das Gute.

Maß und Mitte

Was ist das Gute? Blicken wir auf die Geschichte der Philosophie und der Religionen, dann begegnet das Ideal der Besonnenheit. Das Prinzip von „Maß und Mitte". Bei Platon taucht das Maß als eine der vier Grundtugenden auf: Weisheit, Gerechtigkeit, Tapferkeit und Maß. Das griechische Wort für Maß meint, die Fähigkeit, zwischen Genuss und Askese die rechte Mitte zu halten.

Insbesondere Aristoteles legt eine ausführliche Tugendlehre vor. Das ethisch Gute ist

grundsätzlich die Mitte zwischen einem Über-
maß und einem Mangel. Die Tugend der Tapferkeit steht in der Mitte zwischen Tollkühnheit
und Feigheit, die Sparsamkeit in der Mitte
zwischen Verschwendung und Geiz. Seine
Ethik fasst Aristoteles so zusammen: „Als erste
Erkenntnis ist festzuhalten, dass alles, was
irgendwie einen Wert darstellt, seiner Natur
nach durch ein Zuviel oder Zuwenig gestört
werden kann."

Auch die asiatischen Tugend- und Weisheitslehren sind von „Maß und Mitte" bestimmt.
Ein Beispiel dafür ist die Lebensgeschichte
und die Lehre von Siddharta Gautama, dem
historischen Buddha. Als Sohn eines Fürsten
lebt der junge Siddharta in Luxus und Wohl-
stand, abgeschirmt von den leidvollen Schattenseiten des Lebens. Doch dann begegnet
er auf seinen „vier Ausfahrten" einem alten,
einem kranken und einem gerade verstorbe-
nen Menschen. Schließlich auch noch einem
Bettelmönch, der Frieden und Gelassenheit
ausstrahlt. Tief erschüttert verlässt Siddharta
seine Wohlstandsinsel und wählt das entbeh-
rungsreiche Leben eines Wanderasketen. Er
wechselt so von einem Extrem zum andern.

Nach langer Zeit der asketischen Übungen
erkennt Siddharta, dass die rigorose Askese

nicht der Weg der Erlösung sein kann. Er isst wieder und konzentriert sich auf die Übung der Meditation, bis er sein geistiges Erwachen erlebt. Was er dann praktiziert, nennt er den „Mittleren Weg".

Der Buddhismus schöpft aus der Erfahrung der Mitte seines Begründers. Weder der luxuriöse Überfluss noch die extreme Askese führen zur Befreiung, sondern der „Mittlere Weg".

Ein Zeitgenosse des historischen Buddha kam in China zu ähnlichen Einsichten. Laotse, der Verfasser des Tao-Te-King. In dem von ihm begründeten Taoismus bezeichnet Tao den unfassbaren Urgrund. Das ewige Tao hat keinen Namen. Es ist verborgen und unbegreiflich. Dem Tao entspringen die Urgegensätze Yin und Yang, deren Wechselspiel die Welt erschafft. Wer im Tao zentriert ist, lebt in der Harmonie mit den polaren Wirkkräften und ist so maßvoll und kreativ in die Welt eingebunden. Im Tao-Te-King heißt es:

„Darum der Berufene:
Er meidet das zu sehr.
Er meidet das zu viel.
Er meidet das zu groß."

Auch der andere große Weisheitslehrer Chinas, Konfuzius, baut seine Tugendlehre auf dem Fundament von Maß und Mitte auf. Konfuzius begründet eine Art spirituelle Soziallehre:

„Das richtige Maß und die Mitte sind die Höhepunkte der menschlichen Natur."

Gefragt nach der vollkommenen Tugend antwortet Konfuzius mit einem Satz, der an die „Goldene Regel" Jesu erinnert: „Was du selbst nicht wünschst, tu nicht den andern!" In der praktischen Ethik zeigen sich weitere Parallelen zu den christlichen Tugenden: „Vergilt Freundschaft durch Tugend. Den Guten behandle ich gut und den Nicht-Guten behandle ich auch gut und so erlangt er Güte."
Thomas von Aquin, der große Kirchenlehrer, interpretiert im 13. Jahrhundert die Lehre von „Maß und Mitte" in seiner theologischen Ethik. Er lehrt: „Es ist aber klar, dass zwischen Exzess (zu viel) und Defekt (zu wenig) die Mitte die Gleichheit und Konformität ist. Daher ist offensichtlich, dass die moralische Kraft in der Mitte besteht."
Westliche und östliche Weisheitslehren verstehen Maß und Mitte als fundamentales Gestal-

tungsprinzip unseres Lebens. Die westlichen Industriegesellschaften haben heute Maß und Mitte verloren. Die ökologische Krise ist das deutlichste Zeichen dieser An-maßung und Ver-messenheit. Maßloses Zuviel verhindert das eigene Glück und missachtet die Bedürfnisse der Mit-Geschöpfe.

Politiker, wie der ehemalige Vize-Präsident der USA, Al Gore, verstehen die ökologische Destruktivität als eine geistige Krise. In seinem Buch „Wege zum Gleichgewicht" steht: „Je gründlicher ich versuche, die Wurzeln für die globale Umweltkrise zu erforschen, umso mehr bin ich überzeugt, dass es sich um eine äußere Manifestation einer inneren Krise, die ich als geistige Krise bezeichnen möchte, handelt."

Glauben und Handeln

„Frommsein ist nichts anderes als Vertrauen. Vertrauen hat der einfache, gesunde, harmlose Mensch: das Kind, der Wilde", so Hermann Hesse. Glaube in diesem umfassenden Sinn ist ein allgemein menschliches Phänomen. Selbst wer nicht glaubt, trifft eine Glaubensentscheidung, nämlich die, nicht zu glauben. So gesehen, gehören zum Glauben diejenigen Grundüberzeugungen, die jemand über das

Woher, Wohin und Wozu seines Lebens hat. Der Glaube stiftet einen Bezugsrahmen, von dem aus die verschiedenen Aspekte des Lebens gedeutet werden.

Dem Phänomen des Glaubens kommen wir durch die Besinnung auf die indogermanische Wurzel des Wortes „Glauben" = „leubh" näher. Folgende seelische Funktionen sind damit verbunden: etwas begehren, für gut und wertvoll halten, lieben und loben. Demnach gehört zum Glauben die aktive Hingabe. Zugleich wird eine Beziehung zwischen dem Glauben und der Liebe hergestellt. In dem Wort „leubh" schwingt ebenso mit, dass man sich zum Objekt des Glaubens bekennt, weil man sich in ihm verwurzelt weiß.

Zwischen dem „leubh" und dem, was Erik Erikson „Urvertrauen" nennt, bestehen enge Beziehungen. Der Glaube wurzelt im Grundvertrauen zu einer anderen Person und geht darüber hinaus. „Leubh" und Grundvertrauen gründen in der rational nicht beweisbaren Überzeugung: Die Welt in ihrem tiefsten Grund ist in Ordnung und das Leben sinnvoll. Der Glaube bezieht sich von seiner Wortbedeutung her auf das Gute und Wertvolle. Glauben heißt deshalb: gut sehen, das Gute sehen, etwas lieben und gutheißen. Diese Sichtweise bringt den Gottesglauben ins Spiel. Gott ist der Grund des Guten. Gerade das holistische Weltbild der modernen Physik legt es nahe, Gott in allem zu sehen. So sieht es auch die christliche Mystik. Die Erfahrung Gottes bleibt in der Mystik nicht weltlos, sondern bezieht die Welt mit ein. Viele Mystiker erleben die Verbundenheit und Einheit mit allem. Sie fühlen sich eins mit Gott, aber auch eins mit der Natur. Sie erleben, dass Gottes Geist die ganze Schöpfung durchdringt. Besonders der Evangelist Johannes versteht den Glauben als bestimmte Weise des Sehens. Glauben heißt, hinter die Dinge sehen und Gott als Urgrund allen Seins zu erkennen.

Die hebräische Bibel setzt einen anderen Akzent. Das hebräische Wort für „Glauben" bedeutet: sich festmachen, sein Vertrauen auf etwas oder jemanden setzen. Vorbild für den Glauben ist Abraham, der sich an Gott „festmachte" und seinen Zusagen vertraute. Und so bricht Abraham seine Zelte ab und geht mit seiner Familie in eine ungewisse Zukunft. Glaube hat hier etwas mit Mut und Wagnis zu tun. Abraham lässt das Vertraute los. Er weiß nicht, wohin die Reise geht. Aber er vertraut darauf, dass Gott ihn führen wird. Die Geschichte

Abrahams signalisiert: Zum Glauben gehört das Risiko. Auch heute gibt es im Glauben keine Sicherheit. Wer glaubt, der vertraut darauf, dass Gott in guten und in schweren Zeiten mit ihm geht. So hält der Glaube in Bewegung und ermutigt dazu, immer wieder aufzubrechen.

Dieses Glaubensverständnis finden wir auch beim Propheten Jesaja. Martin Luther übersetzt Jes. 7, 9 so: „Glaubt ihr nicht, so bleibt ihr nicht!" Wörtlich steht da: „Wenn ihr euch nicht festmacht (an Zusagen) so werdet ihr nicht gefestigt (bewahrt) werden." Glaube meint hier: das Vertrauen auf Gott setzen und sich an seinen Geboten festmachen.

Die Evangelien des Neuen Testamentes verstehen den Glauben primär als vertrauensvolle Beziehung zu Gott bzw. zu Christus. Gerade den Glauben Jesu kennzeichnet sein inniges Gottvertrauen. Er spricht von einem Glauben, der „Berge versetzt" (Mk 11, 2) und ermutigt zu grenzenlosem Vertrauen auf Gottes Güte: „Bittet, so wird euch gegeben; suchet, so werdet ihr finden; klopfet an, so wird euch aufgetan." (Mt 7, 7).

Manche Kritiker stoßen sich an dem grenzenlosen Gottvertrauen Jesu und sehen eine „infantile Abhängigkeit" (Sigmund Freud). Als Beleg zitieren sie dabei das Wort Jesu, wo er vom „werden wie die Kinder" spricht. Liest man allerdings Matthäus 18, 3 genau, dann steht dort: „Wenn ihr nicht umkehrt und werdet wie die Kinder, so werdet ihr nicht ins Himmelreich kommen." Damit fordert Jesus keine Regression, sondern eine radikale Umkehr. Einschneidende Veränderungen gelingen jedoch nur dann, wenn sie in vertrauensvoller Haltung erfolgen, wie sie gerade Kinder oft zeigen.

So jedenfalls sieht es der Apostel Paulus. Er bekennt sich nicht ohne Stolz zu seinem erwachsenen Glauben: „Als ich ein Kind war, redete ich wie ein Kind und dachte wie ein Kind; als ich ein Mann wurde, tat ich ab, was kindlich war." (1. Kor 13, 11) Der erwachsene Glaube denkt selber nach. Der Glaube fordert das Denken.

Als Jesus von einem Gesetzeslehrer nach dem wichtigsten Gebot gefragt wurde, zitierte er aus der hebräischen Bibel das sog. „Doppelgebot": Es stellt die Gottesliebe und die Nächstenliebe heraus. (Mk 10, 25ff.) Der Evangelist Lukas überliefert in diesem Zusammenhang noch das „Gleichnis vom barmherzigen Samariter". In diesem Gleichnis stellt Jesus ausgerechnet einen „Ungläubigen" als Vorbild hin, denn das Kultzentrum der Samariter ist nicht der Tempel in Jerusalem. Sie haben ihr eigenes Heiligtum auf dem Berg Garizim in Samaria. Eine weitere Provokation liegt darin, dass fromme Männer, ein Priester und ein Levit, an dem Schwerverletzten vorübergehen. Am Ende der Geschichte fordert Jesus seine Zuhörerinnen und Zuhörer auf, so zu handeln wie der „barmherzige Samariter". Glauben und Handeln, „Beten und Arbeiten" (Benedikt von Nursia), „Beten und Tun des Gerechten" (Dietrich Bonhoeffer) gehören zusammen.

Von der chistlichen Hoffnung

„Wenn ich wüsste, dass morgen die Welt unterginge, würde ich heute ein Apfelbäumchen pflanzen." Diese Worte werden Martin Luther zugeschrieben, stammen aber nicht von ihm. Der früheste Beleg datiert aus dem Jahr 1944. Damals erwartete man nicht den Weltuntergang, sondern erlebte ihn.

Das „Apfelbäumchen" als Symbol der Hoffnung passt dennoch sehr gut zum christlichen Glauben. Schon die Bibel singt das Hohelied der Hoffnung. Dabei hat dieses Hoffnungslied eine besondere Melodie, die mit dem Adressaten der Hoffnung zusammenklingt. In der hebräischen Bibel schildern die Klagepsalmen einerseits die eigene Not, andrerseits werfen sie ihre Hoffnung auf Gott. Er ist für sie die Quelle des Trostes und der Hoffnung. So der Beter des 39. Psalms:

„Mein Herz ist entbrannt in meinem Leibe,
wenn ich seufze, brennt es wie Feuer. –
Nun, HERR, was soll mich trösten?
Ich hoffe auf dich,
meine Hoffnung gilt dir, dir allein."

Wo Leiderfahrung die Gegenwart verdunkelt, vertraut die Hoffnung auf die Kraft Gottes. Not und Mangel führen nicht zum Rückzug oder in verzweifelte Sprachlosigkeit. Sie führen zur Klage.

Auch heute adressieren Menschen ihre Not an Gott. Nach dem schlimmen Unfall in Thomas Gottschalks Show „Wetten dass …?" blieb der Wettkandidat Samuel Koch gelähmt liegen. Gottschalk erzählt: „Schon am Tag nach dem Unfall habe ich in der Frühe mit der Familie im Hotelzimmer ein Vaterunser gebetet. Das hat uns eine gemeinsame Ebene gegeben, ihnen in ihrer Verzweiflung, mir in meiner Ratlosigkeit. Da war plötzlich eine Nähe da, eine Form der Geborgenheit."

In der hebräischen Bibel werfen die Beterinnen und Beter ihre Hoffnung auf das „ewige Du". Ziel der Hoffnung ist Gott selbst. Ihm wird voll

Vertrauen überlassen, wie er die ihm entgegengebrachte Hoffnung Wirklichkeit werden lässt. Dieses bedingungslose Hoffen erwartet auch das Unmögliche von Gott und führt ins Zentrum der biblischen Gotteserfahrung.

Die im Gottvertrauen begründete Hoffnung zeigt sich auch in der hebräischen Sprache. Sie verwendet das Wort „vertrauen", synonym mit „harren" und „hoffen". Hoffnung und Glauben sind wie zwei Seiten ein und derselben Münze. Der 27. Psalm illustriert diese innere Verbindung von Glauben, Harren und Hoffen. Er beginnt mit den Worten:

„Der HERR ist mein Licht und mein Heil,
vor wem sollte ich mich fürchten?
Der HERR ist meines Lebens Kraft,
vor wem sollte mir grauen?"

Nach dieser vertrauensvollen Einleitung folgt in diesem Psalm die Schilderung der eigenen Not und dann schließt der Beter mit einem hoffnungsvollen Ausblick:

„Ich glaube aber doch, dass ich sehen werde
die Güte des HERRN im Lande der Lebendigen.
Harre des HERRN!
Sei getrost und unverzagt
und harre des HERRN."

Manchmal stoßen in den Psalmen Hoffnung und Hoffnungslosigkeit hart aneinander. Gott erscheint dann fremd, verborgen, abwesend. Und doch verlieren sich die Betenden der Bibel nie in einem verzweifelten oder gleichgültigen Atheismus. Sie vermissen den als abwesend erfahrenen Gott. Das passt zu dem Diktum des britischen Schriftstellers Julian Barnes: „Ich glaube nicht an Gott, aber ich vermisse ihn."
In der Bibel leidet Hiob nicht nur unter der Trauer um seine Kinder, unter seinen Geschwüren und unter dem Verlust seines Besitzes.
Er leidet auch unter seiner Hoffnungslosigkeit:

> *„Er reißt mich ringsum ab,*
> *aber ich muss weitergehen.*
> *Er reißt wie einen Baum*
> *meine Hoffnung aus."*
> *(Hiob 19, 10)*

Und Hiob fährt fort:

> *„Was soll ich hoffen?*
> *Die Unterwelt ist mein Haus.*
> *In der Finsternis breite ich mein Lager aus.*
> *Zur Grube sage ich: Mein Vater bist du,*
> *meine Mutter und meine Schwester,*
> *zur Made: wo ist meine Hoffnung?"*
> *Meine Hoffnung, wer kann sie sehen?"*

Nichts Böses bleibt Hiob erspart. Wo die Grube zu Vater, Mutter und Schwester wird, da ist auch die Hoffnung begraben. Wo aber die Hoffnung verblasst, herrscht der Tod. Und doch wird Gott Hiob nicht los. Hiob ist der hoffnungslos Hoffende.

Hiob und die Beter der Psalmen suchen Trost in ihrer individuellen Not. Die hebräische Bibel weitet jedoch den Horizont der Fragen über das persönliche Geschick hinaus. Wenn Erde und Kosmos nicht ewig dauern, dann stellt sich die Frage: Was kommt dann? Was steht am Ende der Menschheitsgeschichte? Die Hypothesen der modernen Physik gehen davon aus, dass sich das Universum ausdehnt und wahrscheinlich ein Ende haben wird. Was wird nach diesem Ende sein?

Die Theologie hofft: Auf dieses Ende folgt die neue Schöpfung Gottes. Die Bibel beschreibt dieses „Eschaton", das „Allerletzte" in wunderbaren Bildern: „Dann wird der Wolf beim Lamm wohnen und der Panther beim Böcklein lagern. Kalb und Löwe werden untereinander grasen und ein kleiner Knabe wird sie leiten." (Jes 11, 6). Am Ende des Jesajabuches finden wir das Bild vom neuen Himmel und der neuen Erde: „Denn siehe, ich will einen neuen Himmel und eine neue Erde schaffen, dass man der vorigen nicht mehr gedenken und sie nicht mehr zu Herzen nehmen wird. Freuet euch, seid fröhlich über das, was ich erschaffe." Das Neue Testament ergänzt diese Bilder von der neuen Schöpfung durch das Gleichnis vom „Großen Festmahl" (Mt 22, 1-14) und die Vision vom „Himmlischen Jerusalem".

Diese Visionen sind großartige Gemälde der biblischen Endzeithoffnung. Vergleichen wir diese Bilder mit den Bildern vom Ursprung im Paradies, dann entdecken wir manche Ähnlichkeit: Die Harmonie von Mensch und Tier, von Mensch und Natur, die Harmonie der Menschen untereinander und mit Gott. Tiefenpsychologen wie Carl Gustav Jung fanden heraus, dass auch in unseren Träumen manchmal Traumsymbole erscheinen, die den endzeitlichen Hoffnungsbildern der Bibel gleichen. Offenkundig gibt es in der menschlichen Psyche einen Schatz von Bildern, die unsere Hoffnung inspirieren (vgl. „Innere Bilder", S. 84ff.). Betrachten wir diese Bilder in Meditation und Gebet, dann helfen sie dabei, Resignation und Verzweiflung zu überwinden.

In der Bibel stehen die vergängliche Welt und die neue Schöpfung nicht beziehungslos nebeneinander. Sie verbindet ein gewisses Mass an Kontinuität. Wo Glaube, Gerechtigkeit und Liebe lebendig sind, bricht die neue Schöpfung schon hier und jetzt an. So gesehen, gibt es im Teppich der Geschichte eine Struktur der Hoffnung. In diesen Teppich weben wir unser Leben hinein. Es soll zu der Grundstruktur von Glaube, Hoffnung und Liebe passen. Jeder Mensch gestaltet sein eigenes Webmuster und ist auch für seine Webfehler verantwortlich.

Schon der Apostel Paulus litt unter dem Dilemma: „Denn das Gute, das ich will, das tue ich nicht, sondern das Böse, das ich nicht will, das tue ich" (Röm 7, 19). Für Paulus ist die Unvollkommenheit eine Signatur menschlicher Existenz. Der christliche Glaube ermutigt dazu, sich mit dem Stückwerk des eigenen Lebens zu versöhnen. Er ermutigt dazu, die eigenen Schattenseiten wahrzunehmen:

„Es kommt nicht darauf an,
dass wir perfekt sind, sondern darauf,
dass man dem Fragment unseres Lebens
anmerkt, zu welchem Ganzen es gehört."

(Dietrich Bonhoeffer)

Hoffnung über den Tod hinaus

Blicken wir auf die Geschichte der Religionen, dann sehen wir: Die Idee von einem Weiterleben nach dem Tod gab und gibt es in verschiedenen Kulturen. Im alten Ägypten ebenso wie in der griechischen Antike. In Indien ebenso wie in muslimischen Ländern. Die Vorstellungen reichen von einem Weiterleben der „Seele" bis hin zu mehreren Wiedergeburten. Heute zieht in Deutschland der Glaube an die Reinkarnation viele Menschen an. Dieser Glaube geht davon aus, dass gute wie böse Taten sich auf das zukünftige Leben auswirken. Gutes Handeln führt zu einer Wiedergeburt im Glück, schlechtes Handeln zur Wiedergeburt im Elend. Auf diese Weise gibt die Reinkarnationslehre, ähnlich wie die Vorstellung vom „Weltgericht", eine Antwort auf die Frage nach einer gerechten Weltordnung.

Zur Zeit Jesu ist der Auferstehungsglaube in Israel umstritten. Die Gruppe der Pharisäer glaubt an die Auferstehung der Toten. Die Gruppe er Sadduzäer nicht. Die Jünger Jesu, auch die Frauen aus seinem Umkreis, kennen die jüdische Auferstehungshoffnung wie sie im Buch des Propheten Daniel steht: „Und viele, die im Staub der Erde schlafen, werden aufwachen, die einen zum ewigen Leben, die anderen zu Schmach und Schande" (Dan 12, 2). Die Hoffnung auf die Auferweckung der Toten verbindet sich in Israel mit der Vorstellung vom Endgericht Gottes. Es geht dabei um einen Ausgleich für die Leiden der treuen Gerechten. Das älteste Osterzeugnis des Neuen Testaments finden wir nicht in den Evangelien, sondern in einem Brief, den Paulus an die Gemeinde in Korinth schreibt:

„Denn als Erstes habe ich euch weitergegeben, was ich auch empfangen habe: Dass Christus gestorben ist für unsere Sünden nach der Schrift, und dass er begraben worden ist; und das er auferweckt worden ist am dritten Tage nach der Schrift; und dass er gesehen worden ist von Kephas, danach von den Zwölfen."

Für Paulus steht die Hoffnung auf die Auferstehung der Toten im Zentrum des christlichen Glaubens: „Hoffen wir allein in diesem Leben auf Christus, so sind wir die elendsten unter den Menschen" (1. Kor 15, 19).

Die Osterhoffnung ist jedoch vom Leiden und Sterben Jesu nicht zu trennen. Ohne Karfreitag würde die Osterbotschaft zu einem fragwürdigen Siegermythos. Deshalb eröffnet Paulus seinen Brief an die Korinther mit dem „Wort vom Kreuz". Aus gutem Grund. Zu jedem Reifungsprozess gehört die Begegnung mit den Schattenseiten des Lebens. Blicken wir auf unseren Lebensweg zurück, dann entdecken wir Niederlagen, Brüche, Schuld und niederdrückende Gefühle. Das Dunkel ist keinem fremd. Selbst Heilige wie Mutter Theresa erlebten tiefe spirituelle Krisen. Der Mystiker Johannes vom Kreuz beschrieb sie als „dunkle Nacht der Seele." Ohne die Erfahrung der Gottesferne und des Zweifels gibt es kein spirituelles Leben. Ohne Sterbeprozess keine Verwandlung. Auf die Frage der Korinther: „Wie werden die Toten auferstehen und mit welchem Leib werden sie kommen?" – antwortet der Apostel zurückhaltend in bildhafter Sprache:

„Es wird gesät verweslich und wird auferstehen unverweslich. Es wird gesät in Schwachheit und wird auferstehen in Kraft. Es wird gesät ein natürlicher Leib und wird auferstehen ein geistlicher Leib" (1. Kor 15, 42ff.).

Im Jahr 1977 erregte das Buch „Leben nach dem Tod" von Raymond A. Moody großes Aufsehen. Dr. Moody interviewte 150 Menschen, die klinisch tot waren und wiederbelebt wurden. Ihre Aussagen stimmten überein. Sie berichteten von der Begegnung mit einer Lichtgestalt, sahen ihr vergangenes Leben noch einmal wie in einem Film, kamen an eine

Grenze oder Schranke und kehrten widerwillig ins Leben zurück. In einer Fernsehsendung der ARD im Jahr 2020 über Nahtoderfahrungen berichteten Männer und Frauen über ähnliche Phänomene. Heute belegen Studien, dass etwa fünf Prozent der wiederbelebten Patienten und Patientinnen sich an Nahtoderfahrungen erinnern. Sie greifen tief in das neue Leben der Betroffenen ein. Im Umfeld von Sterben und Tod gibt es zweifellos Phänomene, die wir heute (noch) nicht erklären können.

Das Neue Testament gewährt keine Einblicke ins Totenreich. Es beschreibt auch nicht den Vorgang der Auferweckung. Aus guten Gründen: „Auferweckung" und „Auferstehung" sind Sprachbilder, übernommen vom Aufwachen und Aufstehen aus dem Schlaf. Auferweckung meint nicht die Rückkehr in den Wachzustand des Alltags. Auch nicht die Rückkehr ins irdische Leben, sondern radikale Verwandlung. Dieses neue Leben ist ganz anders. Unsere Vorstellungen und unsere Sprache stoßen hier an Grenzen. Die Grenzen unserer Sprache sind aber die Grenzen unserer Welt. Die Osterhoffnung radikalisiert das Gottvertrauen. Sie bezweifelt, dass unser begrenztes Wissen nicht der Weisheit letzter Schluß ist.

Marie Luise Kaschnitz schreibt in ihrem Gedicht
„Ein Leben nach dem Tod":

Glauben Sie fragte man mich

An ein Leben nach dem Tode

Und ich antwortete: ja

Aber dann wusste ich

Keine Auskunft zu geben

Wie das aussehen sollte

Wie ich selber aussehen sollte

Dort

Ich wusste nur eines

Keine Hierarchie von Heiligen

Kein Niedersturz verdammter Seelen

Nur

Nur Liebe frei geworden

Niemals aufgezehrte

Mich überflutend.

Über allem die Liebe

Kaspar Hauser, ein Findelkind unbekannter Herkunft, lebte über 10 Jahre in einem dunklen Verlies, ohne emotionale Zuwendung, ohne Ansprache, ohne Elternliebe. Seine emotionale und geistige Entwicklung blieb begrenzt, obwohl später ein Lehrer in Ansbach sich um ihn kümmerte. Kaspar Hauser starb unter mysteriösen Umständen am 14.12.1833 in Ansbach. Es blieb ungeklärt, ob es sich um ein Attentat oder um Selbsttötung handelte.

Mutterliebe

Das tragische Schicksal von Kaspar Hauser zeigt das tiefe Bedürfnis des Menschen, aus dem Gefängnis seiner Einsamkeit herauszukommen. Die seelische Entwicklung des Menschen wächst durch liebevolle Zuwendung. Sozialpsychologen sprechen heute vom Kaspar-Hauser-Komplex, wenn die fehlende Mutterliebe zu Entwicklungsstörungen führt. Deshalb ist die Mutterliebe gerade im ersten Lebensjahr so wichtig. Sie gibt Wärme, Nahrung, Sicherheit. Das Kind erfährt: Ich werde geliebt, weil ich so bin, wie ich bin. Ich brauche nichts zu tun, um geliebt zu werden. Die Bedingungslosigkeit der Liebe hat jedoch auch ihre Schattenseiten: Sie kann nicht erworben werden. Ist sie vorhanden, ist sie ein Segen. Fehlt sie, dann ist es so, als ob die Sonne aus dem Leben verschwunden wäre.

In vielen Kirchen und auf zahlreichen Gemälden ist Maria mit dem Jesuskind auf dem Arm zu sehen. Maria blickt zärtlich auf ihren Sohn und das Jesuskind sucht die Augen seiner Mutter. Ein urmenschliches Bild, das als religiöses Symbol auch für die Mutterliebe steht.

Die mütterliche Liebe steht für das „Ja zum Leben". Dieser Aspekt kommt auch in der biblischen Schöpfungsgeschichte prägnant zum Ausdruck. An jedem der Schöpfungstage sagt Gott zu dem, was er geschaffen hat: „Es war sehr gut." Diese Bestätigung durch die mütterliche Liebe gibt dem Kind das Gefühl: „Es ist gut, auf dieser Welt zu sein."

Doch nicht nur für das Kind ist die Liebe das wichtigste Lebensmittel. In ihrer Liebe und Fürsorge erlebt die Mutter ihre eigenen schöpferischen Möglichkeiten. Sie transzendiert sich selbst in ihrem Kind. So verleiht die Liebe ihrem Leben Bedeutung und Sinn. Nach Erich Fromm wächst aus der Unfähigkeit des Mannes, ein Kind zu gebären, der Drang, sich durch selbstgeschaffene Dinge und Ideen zu transzendieren.

Nächstenliebe

In der hebräischen Bibel meint Nächstenliebe die Liebe zu allen Menschen. Sie ist niemals exklusiv. Die grundsätzliche Liebesfähigkeit schließt niemanden aus. In der Nächstenliebe spiegelt sich die Erfahrung der Einheit aller Menschen. Martin Buber übersetzt das Gebot der Nächstenliebe so: „Liebe deinen Nächsten, denn er ist wie du."

Als ein Gesetzeslehrer Jesu fragte, was er tun solle, um das ewige Leben zu gewinnen, antwortet Jesus mit dem Hinweis auf das Doppelgebot der Gottes- und der Menschenliebe. Diese Antwort war damals für die Zuhörer plausibel, weil dieses Doppelgebot in der hebräischen Bibel im 3. Buch Mose steht. Der Gesetzeslehrer hakte jedoch nach und fragte weiter: „Wer ist denn mein Nächster?" Das griechische Wort „plesion" kann auch „Freund" bedeuten. Der Gesetzeslehrer möchte seine Liebe auf die beschränken, die zu seinem Freundeskreis bzw. zu seinen Volksgenossen zählen.

Daraufhin erzählt Jesus das Gleichnis vom barmherzigen Samariter, der sich um einen schwerverletzten Mann am Straßenrand kümmert. Er gießt Öl und Wein auf die Wunden.

Dann bringt er den Verletzten zu einer Herberge und lässt für ihn sorgen. Nächstenliebe heißt für Jesus Liebe zu den Armen, Hilflosen und zu Fremden. Sein eigenes Fleisch und Blut zu lieben, ist keine besondere Tat. Auch ein Tier sorgt für seine Jungen.

Schon die hebräische Bibel bezieht in die Nächstenliebe hauptsächlich die Gebrechlichen, die Witwen, die Waisen und schließlich sogar die Nationalfeinde, die Ägypter und Edomiter, mit ein. Die Nächstenliebe weiß um die tiefe Verbundenheit mit allen Menschen. Albert Schweitzer hat diese Grundhaltung in seinem Prinzip der „Ehrfurcht vor dem Leben" so formuliert:

„Ich bin Leben, das leben will,
inmitten von Leben, das leben will."

„Die Würde des Menschen ist unantastbar. Sie zu achten und zu schützen ist Verpflichtung aller staatlichen Gewalt." So lautet der 1. Artikel unseres Grundgesetzes. Demnach ist die Menschenwürde die leitende Idee und der zentrale Rechtsbegriff in unserer Verfassung. Nach den nationalsozialistischen Verbrechen gegen die Menschlichkeit suchten die Mütter und Väter des Grundgesetzes einen neuen geistigen Kompass.

Im Jahr 1949 beschloss die Generalversammlung der Vereinten Nationen die Erklärung der Menschenrechte. Damals ein globales Zeichen der Hoffnung. Die beiden wichtigsten Autoren der Erklärung waren mit Charles Malik ein christlicher Araber aus dem Libanon und mit Peng-Chun Chang ein chinesischer Philosoph und Verehrer von Konfuzius.

In den vergangenen Jahrzehnten gab es auf der politischen Bühne immer wieder Streit um die Menschenrechte. Die chinesischen Machthaber knüppelten die Meinungs- und Pressefreiheit nieder. Im Gefangenenlager von Guantanamo wurde die Menschenwürde mit Füßen getreten. Jean Ziegler, zuständig für Flüchtlingsfragen bei den Vereinten Nationen, bezeichnete schon im Jahr 2018 den Umgang mit Flüchtlingen auf den griechischen Inseln als „Schande für Europa". Damals war Moria noch nicht in Schutt und Asche gelegt.

Ein fränkischer Landwirt sagte angesichts der katastrophalen Zustände im Flüchtlingslager von Moria: „Wenn ich meine Tiere unter den Bedingungen der Flüchtlingslager hielte, würde mein Betrieb von den Behörden dichtgemacht!" Wer sich auf das christliche Menschenbild beruft, muss sich auch für die Menschenwürde und die Menschenrechte von Flüchtlingen einsetzen.

Selbstliebe

In den christlichen Kirchen war die Selbstliebe lange verpönt. Sie galt sogar als Sünde. Man nahm an, Selbstliebe sei das gleiche wie Selbstsucht. Diese Auffassung reicht weit zurück. Der Genfer Reformator Calvin spricht von der Selbstliebe als „schädlichster Pestilenz". Heute unterscheidet die Theologie zwischen Selbstsucht und Selbstliebe. Beide sind keineswegs identisch. Der Selbstsüchtige liebt sich selbst nicht zu sehr, sondern zu wenig. Der Mangel an Selbstfürsorge führt zu Unzufriedenheit und innerer Leere. Die mangelnde Selbstachtung lässt die Achtung von dem Nächsten verkümmern.

Das Liebesgebot bezieht alle menschlichen Wesen und somit auch die eigene Person ein. Wenn es eine Tugend ist, den Nächsten zu lieben, dann ist es auch eine Tugend, sich selber zu lieben. Diese Selbstliebe achtet auf die eigenen Gefühle und die eigenen Interessen, ohne die Gefühle und Interessen anderer Menschen zu missachten. Liebe ist unteilbar. Sie schließt Selbstfürsorge und Verantwortungsgefühl mit ein.

Wir sind für die Menschen verantwortlich, die wir uns vertraut gemacht haben. Jeder Mensch ist aber auch für sich selbst verantwortlich. Meister Eckehart fasst diese Einsicht so zusammen: „Hast du dich selbst lieb, so hast du alle Menschen lieb wie dich selbst. Solange du einen einzigen Menschen weniger liebhast als dich selbst, so hast du dich selbst nie wahrhaft liebgewonnen."

Liebe zu Gott

Ein zentrales Gebet des Judentums, das Sch'ma Israel, beginnt mit den Worten: „Höre Israel, der HERR ist unser Gott, der HERR allein und du sollst den HERRN, deinen Gott, liebhaben von ganzem Herzen, von ganzer Seele und mit all deiner Kraft." Gefragt nach dem wichtigsten Gebot zitiert Jesus eben diese Worte und ergänzt: „und deinen Nächsten wie dich selbst."

Der jüdische und der christliche Glaube lehren das Vertrauen auf Gottes Liebe und Güte. So beginnt der 136. Psalm mit den Worten: „Danket dem HERRN, denn er ist freundlich und seine Güte währet ewiglich." Und er endet: „Dankt dem Gott des Himmels, denn seine Güte währet ewiglich." Die Verse dieses Psalms erinnern an die Wunder der Schöpfung und an die großen Taten Gottes in der Geschichte seines Volkes.

Auch die Spiritualität Jesu wurzelt in der Dankbarkeit. Ebenso im grenzenlosen Vertrauen auf die Barmherzigkeit Gottes. Im Gleichnis „Vom verlorenen Sohn" erzählt Jesus von dem liebenden Vater, der seinen heimgekehrten Sohn in die Arme schließt und mit ihm ein rauschendes Fest feiert.

Wie können wir heute die Liebe zu Gott leben? Die hebräische Bibel, besonders die Psalmen, motivieren zu einer Spiritualität der Dankbarkeit. Alles wirklich Wichtige im Leben empfangen wir: die Liebe, die Lebenskraft, das Vertrauen ins Leben. Staunen, Freude und Empathie führen auf die Spur der Dankbarkeit. In der jüdischen Religion konkretisiert sich die Liebe zu Gott vor allem in der „Halacha", in der Achtung vor den Geboten und den Weisungen Gottes. Der Schwerpunkt liegt auf der richtigen Lebensführung, nicht auf der Dogmatik. Ganz in diesem Sinne sagt Jesus am Ende des Gleichnisses vom „Barmherzigen Samariter": „So gehe hin und tue desgleichen." Auch das Gleichnis vom „Weltgericht" betont das rechte Tun: „Was ihr getan habt an einem von diesen meinen geringsten Brüdern, das habt ihr mir getan." Die jüdisch-christliche Konkretion der „Halacha" fasst Jesus in der sogenannten „Goldenen Regel" so zusammen:

„Alles nun, was ihr wollt,
das euch die Leute tun sollen,
das tut ihnen auch!
Das ist das Gesetz und die Propheten."

Psychologisch betrachtet wurzelt das Bedürfnis nach Liebe in der Erfahrung des Getrenntseins. Die Liebe sucht deshalb die Erfahrung der Einheit. In der Liebe zu Gott sucht die religiöse Sehnsucht die Einheit mit dem All-Einen. Dabei wird in der mystischen Frömmigkeit die Gottesliebe zu einem intensiven Gefühlserlebnis des Einsseins. Dieses intensive Gefühl der Gottesnähe finden wir in verschiedenen Formen. Im 139. Psalm heißt es: „Von allen Seiten umgibst du mich und hältst deine Hand über mir. Diese Erkenntnis ist mir zu wunderbar und zu hoch, ich kann sie nicht begreifen." Die Gotteserfahrung geht über das Denken und die rationale Logik hinaus. Der Evangelist Johannes schreibt über die Einheitserfahrung Jesu: „Ich und der Vater sind eins." Auch heute wächst der Glaube nicht aus Dogmen und theologischen Lehrsätzen, sondern aus der Erfahrung der Gegenwart Gottes. Sie begegnet in allem: dem Baum, den Blumen, den Stimmen der Vögel, in den Klängen einer

Symphonie und im Du des Nächsten. Der christliche Mystiker Gerhard Tersteegen beschreibt seine Einheitserfahrung so: „Wie die zarten Blumen willig sich entfalten und der Sonne stille halten, lass mich so still und froh deine Strahlen fassen und dich wirken lassen." Die Spuren Gottes können wir überall entdecken, auch in uns. Die religiöse Erfahrung ist das Herzstück aller Religionen. Gegenwärtig erleben wir eine Renaissance der „mystischen Frömmigkeit." Der inzwischen verstorbene katholische Theologe Karl Rahner sagte: „Der Fromme der Zukunft wird ein Mystiker sein, das heißt, er wird etwas erfahren haben oder er wird nicht mehr sein." Die Liebesmystik, wie sie uns schon in der Bibel begegnet, weist dabei den Weg: „Gott ist die Liebe und wer in der Liebe bleibt, der bleibt in Gott und Gott in ihm" (1. Joh 4.16).

Erotische Liebe

In unserer westlichen Kultur ist die erotische Liebe emotional aufgeladen. Viele halten sie für eine emotionale Reaktion, bei der sie von einem unwiderstehlichen Gefühl erfaßt werden. Geschäftstüchtige Partnerschaftsagenturen wie „Parship" werben mit dem Slogan:

„Alle 11 Minuten verliebt sich ein Single über Parship".

Dabei sind „sich verlieben" und Liebe zwei Paar Schuhe. Das Hochgefühl des Verliebtseins dauert meist nicht lange. Es flaut wieder ab und weckt den Wunsch nach einem neuen Abenteuer. Das „Sich verlieben" wird von der Illusion gespeist, dass die neue „Liebe" ganz anders sein wird, als die frühere Beziehung. Zu dieser Illusion trägt die Eigenart des sexuellen Erlebens bei. Es verführt zu dem Irrtum, Liebe sei identisch mit der körperlichen Vereinigung. Doch ohne Zärtlichkeit, Rücksicht und Sympathie läßt der Koitus Fremde einander fremd bleiben.

In der erotischen Liebe zeigt sich die tiefe Sehnsucht, das Problem der Einsamkeit zu überwinden. So verweist auch die erotische Liebe auf die geistige Dimension. Eine Person zu lieben ist nicht nur ein starkes Gefühl, sondern auch eine Entscheidung aufgrund von Werten. Erich Fromm betont zu recht, dass die erotische Liebe auch ein Akt des Willens sei, der Entschluß, das eigene Leben an einen anderen Menschen zu binden. Diese Vorstellung leitet auch die jüdisch-christliche Sicht von der Unauflöslchkeit der Ehe.

HOPE
endures

Was die Hoffnung beflügelt

„Du kannst das! Aus dir wird einmal etwas Besonderes!" Ermutigende Resonanzen stärken die Hoffnung. Negative Resonanzen entmutigen und zerstören nicht nur bei Kindern das Selbstvertrauen. Manchmal merken wir erst hinterher, was unsere Hoffnung beflügelt hat: Das gute Gespräch mit einem Freund, ein Konzert, ein Gottesdienst oder ein anregendes Buch. Gerade in Krisenzeiten ist es heilsam, sich auf die Quellen der Hoffnung zu besinnen.

Trotzdem lachen

Grell geschminkt, mit roter Nase, stolpert der Clown in seinen großen Latschen durch die Manege. Immer wieder scheitert er an den einfachsten Übungen. Trotzdem versucht er es weiter. Ein treffendes Beispiel dafür ist die bekannte Szene des großen Clowns Grock. Er möchte Klavier spielen, doch der Klavierhocker ist zu weit vom Flügel entfernt. Nach gestenreichen Augenblicken des Nachdenkens versucht der Clown schließlich den schweren Flügel an den Hocker heranzuschieben. Immer wieder scheitert er bei diesem Versuch. Schließlich kommt ihm die Erleuchtung: Er versucht den Hocker ans Klavier zu schieben. Als diese Aktion endlich gelingt, führt der Clown unter dem Beifall der Zuschauer einen Freudentanz auf.

Warum lachen nicht nur Kinder, wenn sich der Clown mit voller Kraft gegen den Flügel stemmt? Nicht zuletzt deshalb, weil die Lösung so einfach erscheint. Die Szene erinnert daran, dass Fehlversuche und Ungeschicklichkeit nicht das Ende bedeuten.

Gerade der politische Witz lebt von der „Trotzmacht des Geistes" (Viktor Emil Frankl). Er richtet sich gegen herrschende Autoritäten. Der Kabarettist Weiß Ferdl erzählte, er habe von seinem Freund Hitler ein handsigniertes Bild bekommen. Nun wisse er nicht: „Soll ich ihn aufhängen oder an die Wand stellen?" Dass gerade der jüdische Witz unter der brutalen Herrschaft der Nazis eine besondere Wirkung entfaltete, belegt folgendes Beispiel: „Kohn, was ist der Unterschied zwischen Hitler und einem Leberkranken? – Nu, der eine leberleidend, der andere leider lebend."

Der tragische Kern der jüdischen Komik liegt im Schicksal der Juden, gleichzeitig „auserwählt" und verfolgt zu sein. So schwankt der jüdische Witz zwischen Gottergebenheit und Skepsis, wie der Stoßseufzer eines frommen Juden zeigt: „HERR, du hast uns auserwählt unter den Völkern, – aber warum ausgerechnet uns?"

Im Exil und im Ghetto wird der Witz zur „Waffe der Wehrlosen". Im Witz wird die leidvolle Realität transzendiert. In den Wortspielen, Paradoxien und Witzen gewinnen die Ohnmächtigen Distanz zu ihrer fast ausweglosen Situation. Ein kleines Licht der Hoffnung leuchtet auf.

„Humor ist, wenn man trotzdem lacht", so formuliert Otto Julius Bierbaum in einem Aphorismus. Er beschreibt den Humor als „Trotzdem lachen" gegenüber den Zufällen und Widersprüchen des Lebens.

Bei religiösen Menschen zeigt sich die Selbsttranszendenz in der Zuversicht des Glaubens. Der Priesterdetektiv Pater Brown bemerkt dazu treffend: „Humor ist eine Erscheinungsform der Religion, denn nur der, der über den Dingen steht, kann sie belächeln." Weder durch seine körperliche, seelische oder soziale Befindlichkeit ist der Mensch als „geistige Person" völlig festgelegt. Es bleibt immer ein kleiner Spielraum der Freiheit. Mit dem „Trotzdem lachen" betritt der leidende Mensch diesen Spielraum der Freiheit.

Viktor Frankl, der zwei Konzentrationslager durchlitten hat, berichtet, dass es sogar im KZ einen speziellen „Lagerhumor" gab. Er selbst habe seine Mithäftlinge dazu ermutigt, sich jeden Tag eine humorvolle Geschichte zu

erzählen. Oft erfanden dann Frankls Leidens-
genossen Geschichten, die sich nach der Befreiung und der Rückkehr in den Alltag ereig-
nen könnten. So stellte sich ein Mithäftling die
Einladung zum Abendessen in eine vornehme
Gesellschaft vor. Er würde die Gastgeberin,
so wie den Capo bei der Essensausgabe im
Lager, darum bitten, die Suppe von unten zu
schöpfen, damit er ein paar Erbsen oder eine
halbe Kartoffel abbekomme.

Heute bestätigen Lachforscher die heilende
Kraft des Humors. Die Volksweisheit stimmt:
Lachen ist gesund! Lachen regt die Herztätig-
keit so stark an, wie sonst nur anstrengende
körperliche Betätigung. Gleichzeitig steigt der
Blutdruck. Die Lunge wird reichlicher mit Sauer-
stoff versorgt. Die Immunabwehr gefördert.
Die Neurowissenschaften endeckten, dass bei
lachenden Menschen im Gehirn Endorphine
ausgeschüttet werden. Sie wirken ähnlich wie
Morphium, beseitigen Schwermut, lindern
Schmerzen und steigern die Lust. Nach dem
Lachen folgt ein Zustand der Entspannung.
Der Blutdruck sinkt wieder und die Muskeln
entspannen sich.

In der Psychotherapie und Seelsorge findet
in den letzten Jahren die heilsame Wirkung
des Humors neue Beachtung. Therapeuten

und Seelsorger reagieren mit paradoxen Interventionen und humorvollen Einfällen auf den Wahnsinn des „Normalitätsprinzips". Der Humor führt zur Distanzierung von Symptomen und lockert festgefahrene Emotionen auf. Auch in hitzigen Diskussionen entschärft der Humor die Gesprächssituation. Eine humorvolle Bemerkung zur rechen Zeit entspannt mehr als langatmige Analysen.

Auch wenn der Sinn für Humor uns nicht in die Wiege gelegt wurde: wir können ihn entwickeln. Der italienische Humorist Filippo Neri († 1595) hat sogar Gott um Humor gebeten:

„HERR, schenke mir Sinn für Humor. Gib mir die Gnade, einen Scherz zu verstehen, damit ich ein wenig Glück finde im Leben und auch anderen davon mitteile."

Innere Bilder

Innere Bilder kennen wir aus unseren Träumen in der Nacht, auch aus Tagträumen. Wir kennen sie von Wunschphantasien und Befürchtungen. Bei intensiven Gefühlen, wie Angst und Freude, entstehen Bilder vor unserem inneren Auge.

Haben Sie Lust zu einer kleinen Übung?

Schließen Sie die Augen und denken Sie an etwas, das Sie froh und heiter stimmt. Denken Sie an eine Situation oder eine Person, die wohltuende Gefühle bei Ihnen auslöst, vielleicht sogar ein Lächeln auf Ihr Gesicht zaubert. Öffnen Sie nach zwei oder drei Minuten wieder die Augen.

Wer oder was ist Ihnen durch den Kopf gegangen? Haben Sie in Worten gedacht oder sind Bilder aufgestiegen? Wie gute Geschichten stärken positive Bilder unsere Hoffnung. In den vergangenen Jahren haben Psychologen, wie Carl Gustav Jung, Verena Kast, Ingrid Riedel u. a., die heilsame Kraft der inneren Bilder entdeckt und in die Therapie einbezogen. Die Praxis reicht von verschiedenen Formen des mentalen Trainings bis hin zu geführten Formen der Imagination. Folgende Wirkkräfte werden den inneren Bildern zugeschrieben:
Sie bilden eine Brücke zwischen dem Bewussten und dem Unbewussten.
Sie erhellen nicht nur Vergangenes, sondern zeigen zukünftige Möglichkeiten.
Sie ergänzen unser bewusstes Selbstverständnis durch Bilder und Symbole des Unbewussten.
Sie zeigen unerledigte Konflikte und die Schattenseiten der eigenen Person.

Sie zeigen in verschlüsselten Bildern Kräfte, die seelische Verletzungen heilen.

Viktor Emil Frankl erweiterte das psychologische Verständnis der unbewussten Bilder. Bei seinen Patientinnen und Patienten entdeckte er nicht nur verdrängte Sexualität und Aggressionen, sondern auch unbewusste geistige Werte und Symbole. Deshalb spricht Frankl vom „geistig Unbewussten".

Dieses Verständnis des Unbewussten hat weitreichende Folgen für die Interpretation von Träumen und inneren Bildern. Gründet unser bewusster Geist im Unbewussten, dann gehen von inneren Bildern auch kreative, sinnstiftende Impulse aus. Dann gibt es neben der bewussten Hoffnung auch unbewusste Hoffnung. Neben bewussten Werten auch unbewusste Werte. Neben bewusstem Glauben auch verdrängte Religiosität.

Doch wie finden wir Zugang zu diesen verborgenen Quellen? Durch „Wertimaginationen", sagt der Seelsorger und Psychotherapeut Uwe Böschemeyer. Unter Wertimaginationen versteht er geführte Wanderungen zu den „Wertgefühlen". Sie wenden sich humanitären Werten wie Freiheit, Hoffnung und Vertrauen zu. So kann eine Imagination zum „Garten der Hoffnung" oder zum „Haus der Geborgenheit" führen.

Eine kurze Phase der Entspannung bereitet
die Imaginationsübung vor. Auch das Ziel wird
vorher im Gespräch geklärt. Bei den Imagina-
tionen begegnen hilfreiche männliche oder
weibliche Gestalten. Böschemeyer nennt sie
„Wertgestalten", andere Therapeuten sprechen vom „Inneren Begleiter". Diese Begleiter
bzw. Begleiterinnen werden in der Imagination
erwartet und angesprochen. Sie strahlen in der
Regel Güte, Frieden und Vertrauen aus.
So fragte ein junger Mann bei einer Imagina-
tionssitzung seinen „Inneren Begleiter": „Wer
bist du?" Der lächelte ihn freundlich an und
sagte: „Ich bin für dich da." Diese Antwort
eröffnete einen Raum der Geborgenheit. Der
junge Mann fragte seinen Begleiter weiter:
„Wie lange werde ich leben?" Wieder lächelte
der „Innere Begleiter", sah ihn an und fragte
zurück: „Für wen willst du leben?" Diese Frage
lenkte den Blick von der Lebensdauer weg
zum Lebensinhalt, entsprechend der Einsicht,
dass die Länge des Lebens für dessen Sinn-
gehalt nicht entscheidend ist. Die imaginierte
Begegnung mit seinem „Inneren Begleiter"
bewegte den jungen Mann dazu, sich konkreten Aufgaben und Personen neu zuzuwenden.
Unabhängig vom therapeutischen Kontext
können wir uns im Alltag Bilder der Zuver-

sicht vor unser inneres Auge holen: Bilder des Gelingens, gute Erinnerungen, inspirierende Begegnungen. Innere Bilder lenken unser Verhalten. Eine jüdische Weisheit sagt: „Wir werden in das verwandelt, was wir anschauen." Negative Erwartungen verstellen den Blick für die positiven Möglichkeiten. Positive Vorstellungen stärken die Zuversicht. Zum Schluss dieses Abschnittes schlage ich Ihnen wieder eine kleine Übung vor:

Schließen Sie die Augen und stellen Sie sich etwas vor, was Sie gerne tun: Einen Spaziergang im Wald, Kuscheln mit Ihrem Partner oder Ihrer Partnerin, Spielen mit den Kindern oder Enkelkindern. Baden Sie einige Minuten in erfreulichen Bildern.

Spüren Sie ihre heilsame Kraft?

Geschichten der Hoffnung

Zu Beginn der Corona-Pandemie empfahlen Verlage ihre Bücher als Krisenlektüre. Auf Albert Camus „Die Pest" wurde hingewiesen. Johann Wolfgang von Goethe durfte selbstverständlich nicht fehlen. Ein Journalist erhob sogar „Das Tagebuch der Anne Frank" zum Buch der Stunde, weil es zeige, wie der Ausnahmezustand der Isolation durchgestanden werden könne.

Auch Märchen und Mythen sind Speicher der Hoffnung. Im Märchen geraten die Hauptpersonen in Gefahr, werden am Ende jedoch meist auf wunderbare Weise gerettet. Der Prinz besiegt am Ende den bösen Drachen und Aschenputtel wird trotz der Intrigen der Stiefmutter von ihrem Prinzen gefunden.
Ähnliche Botschaften finden wir in den Mythen verschiedener Kulturen. Auch sie sammeln Hoffnungsgeschichten, so z. B. von Odysseus und seiner Odyssee, wie sie Homer überliefert:

„Singe mir, Muse,
die Taten des weitgereisten Mannes,
welcher auf langer Irrfahrt
nach Trojas Zerstörung
vieler Menschen Städte gesehen
und Sinn erfahren
und auf dem Meere
soviel unnennbare Leiden erduldet,
seine Seele zu retten
und seiner Freunde Zurückkunft."

Warum wurde Odysseus zu einer Leitfigur der griechischen Antike? Warum berühren seine Irrfahrten, seine Schiffbrüche, Niederlagen und seine Heimkehr heute noch? – Deshalb, weil er aus Leiden und Gefahren immer wieder herausfand. Seine Irrwege und Umwege waren im Rückblick nötig und so ging Odysseus seinen Weg immer weiter, auf das nächste Schiff, hinein ins nächste Abenteuer. Schließlich findet er doch zurück zu Penelope. 20 Jahre hat sie auf ihn gewartet.

Der Pastoralpsychologe Richard Riess interpretiert den Mythos von Odysseus als „Ornament der Moderne". Seine Kämpfe und Fahrten zwischen „Scylla und Charybdis" sind Chiffren für die Gefahren unserer Zeit. Mythen wie die Irrfahrten des Odysseus zeigen, dass unsere individuellen Probleme zutiefst menschlich sind: Die Spannung zwischen Freiheit und Bindung, Fernweh und Heimweh, Verzweiflung und Hoffnung. Die Mythen sehen den Einzelnen als Teil eines großen Ganzen. Das Schicksal des Menschen ist mit der Welt der Götter verbunden.

In den großen Erzählungen der hebräischen Bibel, wie den Geschichten von Abraham und Sarah, Jakob und Esau, Joseph und seinen Brüdern und speziell in der Exodusgeschichte, geht es um die Geschichte Gottes mit den Menschen. Neben der individuellen geht es auch um die kollektive Perspektive für das Volk Israel.

Wenn Israel erklärt, wie es sich selber versteht, dann erzählt es Geschichten. Gerne die Geschichte von Joseph und seinen Brüdern. Thomas Mann setzte dieser Geschichte in seinem großen Roman ein literarisches Denkmal. Diese Geschichte erzählt alles, was zum Leben gehört: die Rivalität der Geschwister, Mangel und Hungersnot, die wunderbare Errettung Josephs, seine Karriere in Ägypten, das Wiedersehen mit den Brüdern und die Versöhnung.

Im Vordergrund der Ereignisse stehen die Menschen mit ihren zwiespältigen Gefühlen und ihren Plänen. Im Hintergrund aber lenkt Gott die Geschicke Josephs und seiner Brüder. Am Ende sagte Joseph zu seinen Brüdern: „Ihr habt zwar Böses gegen mich geplant – Gott aber hat es zum Guten gewendet" (1. Mose 50, 30).

Wenn Israel erklärt, wie es sich selber versteht, dann erzählt es neben den Geschichten von den Erzvätern und Erzmüttern die Exodusgeschichte. Sie erzählt die Befreiung der Hebräer aus dem Sklavenhaus in Ägypten. Anführer des Sklavenaufstands ist Mose. Er wird in Ägypten geboren. Auf wunderbare Weise überlebt er die vom Pharao befohlene Tötung der hebräischen Kinder. Am Hofe des Pharao wächst Mose heran. Die Berufung zum Führer seines Volkes stoppt seine aussichtsreiche Karriere. Mose wechselt die Seiten. Gegen die brutale Unterdrückung der Ägypter leistet er Widerstand und erschlägt im Affekt einen Aufseher. Schließlich fordert er vom Pharao die Freilassung seines Volkes. Der lehnt jedoch ab und verschärft die Zwangsarbeit. Nach den von Gott verhängten sieben Plagen gegen die Ägypter gelingt den Hebräern die Flucht. Die Truppen des Pharao verfolgen sie zwar mit Ross und Wagen, doch wie durch ein Wunder werden die Hebräer am Schilfmeer gerettet. Nach entbehrungsreichen Jahren in der Wüste kommen sie dann endlich ins gelobte Land.

Bis heute schöpfen die Menschen aus der Exodusgeschichte Trost und Hoffnung. Die schwarzen Sklaven in Amerika sangen:

„Go down, Moses, way down in Egypts's land. Tell old Pharao: Let my people go."

Bei der friedlichen Revolution in der DDR wurde in überfüllten Kirchen die Geschichte von der Befreiung aus dem Sklavenhaus Ägyptens gelesen. Die Demonstrierenden verstanden. Die Spitzel der Staatssicherheit hörten die Botschaft wohl, allein ihnen fehlte der Glaube.

Im Jahr 2003 erschien der Gedichtband „Lieblingsgedichte der Deutschen". Er wurde nach einer Umfrage zusammengestellt. Hermann Hesses Gedicht „Stufen" bekam die meisten Stimmen, gefolgt von Joseph Eichendorffs „Mondnacht" und Rilkes „Herbsttag". Die

Auswahl zeigt, was Leserinnen und Leser in Krisenzeiten von Geschichten und Gedichten erwarten, nämlich Trost und Zuversicht. In der zweiten Strophe seines Gedichts „Stufen" ermutigt Hermann Hesse dazu, sich „lähmender Gewöhnung" zu entraffen:

„Wir sollen heiter Raum um Raum durchschreiten,
an keinem wie an einer Heimat hängen.
Der Weltgeist will nicht fesseln uns und engen.
Er will uns Stuf um Stufe heben, weiten.
Kaum sind wir heimisch einem Lebenskreise
Und traulich eingewohnt, so droht Erschlaffen.
Nur wer bereit zu Aufbruch ist und Reise,
mag lähmender Gewöhnung sich entraffen."

Ein Freund, ein guter Freund ...

Während der Corona-Pandemie ist soziale Distanz angesagt. Doch schon bevor viele Menschen sich über Wochen und Monate hinweg in die eigenen vier Wände verkrochen, fühlte sich in Deutschland jeder Sechste häufig oder ständig einsam. Was macht die soziale Isolation mit uns? Die Ergebnisse der Wissenschaft sind eindeutig: Einsamkeit schädigt die

Gesundheit, ähnlich wie Rauchen oder Übergewicht.

Genauer unterscheidet die Forschung drei Arten der Einsamkeit: Erstens die intime, wenn eine Partnerin oder ein Partner fehlt, zweitens die „Beziehungseinsamkeit", den Mangel an Freundinnen und Freunden und drittens die „kollektive Einsamkeit", wenn man sich nicht als Teil der Gemeinschaft oder eines „größeren Ganzen" fühlt.

Gegen Einsamkeit können wir etwas tun. Durch ehrenamtliches Engagement gewinnen wir soziale Kontakte. Auch die Pflege von familiären Beziehungen und Freundschaften fördert das Gefühl der Verbundenheit. „Wer die Freundschaft aus dem Leben streicht, nimmt die Sonne aus der Welt", so der römische Staatsmann Cicero.

Was zeichnet die Freundschaft aus? Was lässt Freundschaften wachsen und gedeihen? Auch wenn jede Freundschaft etwas Besonderes ist, so lassen sich doch verschiedene Elemente der Freundschaft nennen:

Das Vertrauen, dass ich mich auf den Freund, die Freundin in der Not verlassen kann. In seinem Gedicht „Die Bürgschaft" setzte Friedrich Schiller diesem Fundament der Freundschaft ein Denkmal. Selbst der Tyrann ist von dem Freundschaftsbund tief beeindruckt:

„Und die Treue,
sie ist doch kein leerer Wahn.
So nehmt auch mich
zum Genossen an.
Ich sei, gewährt mir die Bitte,
in eurem Bunde der Dritte."

Auch wenn es nicht gleich um Leben und Tod geht: Stille Zuverlässigkeit und Gesten der Hilfsbereitschaft stärken das gegenseitige Vertrauen.

Gemeinsame Ziele, Überzeugungen und Werte verbinden. Das können politische Ziele sein, ebenso sportliche oder kulturelle Interessen. Es gibt Freundschaften, die nicht primär eine Sache des Herzens sind, sondern sich durch die Hingabe an einer gemeinsamen Aufgabe auszeichnen. Die Quäker, eine christliche Gruppierung in Amerika, nennen sich „Gesellschaft der Freunde". Sie verbindet nicht eine Herzensfreundschaft, sondern der gemeinsame Glaube und das Engagement für den Frieden.

Zur Freundschaft gehört das Wechselspiel von Geben und Nehmen. Sie scheitert, wenn nur eine Person sich einbringt und sich um den anderen bemüht.

Freundschaften leben von gemeinsamen Erlebnissen. Das gilt für Sandkastenfreundschaften ebenso, wie für Freundschaften im Herbst des Lebens.

Eine besondere Qualität der Freundschaft ist der offene und kritische Austausch über persönliche Anliegen, Fragen, Probleme und Ängste. Oft haben diese Gespräche einen entlastenden, fast seelsorgerlichen Effekt.

Betrachten wir verschiedene Modelle der Freundschaft dann erkennen wir in der Freundschaft zwischen Goethe und Schiller ein herausragendes Ereignis. Die gemeinsame literarische Arbeit bildet die Basis ihrer Freundschaft. Dabei sind Goethe und Schiller Konkurrenten, bevor sie Freunde werden. Schiller erinnert Goethe an seine eigene Sturm- und Drangzeit. Und Schiller sieht in Goethe anfangs „eine stolze Prüde, der man ein Kind machen muss, um sie vor der Welt zu demütigen."

Die beiden Dichterfürsten sind nie ein Herz und eine Seele, sondern auch und gerade durch kontroverse Gespräche verbunden. Ihre Freundschaft wächst langsam. In einem Brief an Johann Friedrich Herder aus dem Jahr 1788 formuliert Goethe seine Sicht der Freundschaft so:

„Wenn wir immer umsichtig wären und
uns mit Freunden nur von einer Seite verbänden,
in der sie wirklich mit uns harmonieren,
und ihr übriges Wesen nicht in Anspruch nähmen,
so würden die Freundschaften
weit dauerhafter sein.“

Und dann warnt Goethe vor zu hohen Idealen und Ansprüchen:

„Gewöhnlich aber ist es ein Jugendfehler,
den wir auch im Alter nicht ablegen,
dass wir verlangen, der Freund solle gleichsam
ein anders Ich sein, solle mit uns nur
ein Ganzes ausmachen, worüber wir uns
dann eine Zeitlang täuschen,
das aber nicht lange dauern kann.“

Als Goethe diesen Brief an Herder schreibt ist er fast 50 Jahre alt. Mit Schiller verbindet er sich tatsächlich „nur von einer Seite.“ Das literarische Schaffen ist ihr gemeinsames Band. Mit feiner Ironie schreibt Goethe einmal an Schiller: „Fahren Sie fort, mich mit meinem eigenen Werk bekannt zu machen.“ Und Schiller antwortet: „Der reiche Wechsel Ihrer Phantasie erstaunt und entzückt mich, und wenn ich Ihnen auch nicht folgen kann, so ist es schon ein Genuss und Gewinn für mich, Ihnen nachzusehen." Zur Realität von Freundschaften gehört freilich auch, dass sie sich verändern, abkühlen oder enden. Freunde und Freundinnen leben sich auseinander oder setzen neue Prioritäten. Dann geht es darum, Distanz und Entfremdung zu akzeptieren, denn die Freundschaft ist ein Kind der Freiheit.

Meditieren und Beten

„Gesund durch Meditation", mit diesem Slogan wirbt heute die Wellness-Bewegung. Mit Erfolg. Regelmäßig über einen längeren Zeitraum durchgeführte Mediationsübungen fördern das Wohlbefinden und stärken die Zuversicht. Sie verändern sogar die Struktur des Gehirns.

Wege der Meditation

Trotz aller Unterschiede gibt es zwischen der „säkularen Aufmerksamkeitsmeditation", einem meditierenden buddhistischen Mönch und der christlichen Meditation bemerkenswerte Gemeinsamkeiten:

Alle Formen der Meditation lenken die Wahrnehmung. Stets konzentrieren sich die Meditierenden auf einen bestimmten Fokus: auf den Atem, ein Mantra, auf Christus oder auf ein religiöses Symbol.

Alle Wege der Meditation betonen den Wert der intensiven Übung. Hirnphysiologische Messungen belegen, dass sich nach monatelangem Üben sogar die Gehirnstrukturen verändern.

Beim Meditieren wird der Körper einbezogen. Bestimmte Körperübungen öffnen das Bewusstsein. Ebenso die aufrechte Sitzhaltung auf einem Stuhl, auf einem Meditationshocker oder im Yogasitz.

Eine besondere Rolle spielt der Atem. Normalerweise atmen wir unregelmäßig und flach. Im Atem zeigen sich unsere wechselnden Gedanken und Gefühle. Meditierende achten auf ihren Atem. Gleichmäßiges Ein- und Ausatmen beruhigt. Die verschiedenen Wege der Meditation verstehen den Atem immer physisch und geistig. Im Griechischen bedeutet "pneuma" sowohl „Geist" als auch „Luft". Auch im Englischen meint „Inspiration" die geistige Inspiration und das Einatmen.

Von manchen Schulen der Zen-Meditation abgesehen, werden stets Objekte in der Meditation verwendet. Ursprünglich hatten diese

Objekte sakralen Charakter, wie z. B den Rosen-
kranz. Er findet sich im Christentum ebenso
wie im Buddhismus.

Die christliche Meditation konzentrierte sich
von Anfang an auf die Worte und das Wirken
Jesu Christi. Eine besondere Form der Meditation entwickelten ab dem dritten Jahrhundert die christlichen Wüstenväter. Sie lebten
in Oberägypten in der Abgeschiedenheit der
Wüste. Das griechische Wort für „Ruhe" heißt
„Hesychia", deshalb wurden diese Mönche
auch Hesychasten genannt. Das Sitzen, verbunden mit der Konzentration auf den Atem,
entdeckten die Hesychasten als Hilfe bei der
inneren Sammlung. Mit der Zeit verbanden sie
kurze Bibelworte mit dem Ein- und Ausatmen.

Eine spezielle Form der christlichen Mediation
ist die „ruminatio". Ruminatio, wörtlich übersetzt „wiederkäuen", vergleicht die Meditation
mit der Nahrungsaufnahme des wiederkäuen-
den Tieres. Längere Textabschnitte der Bibel
werden durch das Wiederkäuen zerkleinert
und gut verdaut. Martin Luther bezeichnet die
„Ruminatio" als Wiederkäuen im Herzen. Seine
Meditationspraxis kennzeichnet die ständige
Wiederholung kurzer Textstücke. So leitet er
zur Meditation einzelner Worte aus den Psalmen an, z. B. „Der HERR ist mein Hirte" (ein-

atmen) – „mir wird nichts mangeln" (ausatmen). Christliche Meditation betrachtet positive Bilder, auch Natursymbole (Baum, Licht, Wasser) und entfaltet so eine heilsame Wirkung.

Wem langes Sitzen und intensives Üben nicht liegen, den können auch einfache Übungen in die Stille führen. Der Ordenspriester Phil Bosmans ermutigt gerade erschöpfte Menschen, immer wieder den Weg in die Stille zu gehen: „Wenn ich müde bin, dann setze ich mich in die Stille. Dann lausche ich der Quelle und ich höre dich." Vielleicht passt für Sie jetzt eine kleine meditative Übung:

Setzen Sie sich aufrecht auf Ihren Stuhl und stellen Sie die Beine nebeneinander auf den Boden. Legen Sie dann die Hände ineinander auf die Oberschenkel und schließen Sie Augen. Achten Sie eine Weile auf Ihren Atem, wie er ein- und ausströmt.

Lenken Sie dann Ihre Gedanken auf hoffnungsvolle Worte, die sich mit dem Atem verbinden lassen, z. B. „Glaube" (einatmen) – „Hoffnung" (ausatmen) oder: „Gott ist gegenwärtig" (einatmen) – „Alles in mir schweige" (ausatmen). Schließen Sie bei dieser Übung die Augen und nehmen Sie sich dafür ca. 5 Minuten Zeit. Dann öffnen Sie Ihre Augen und spüren kurz nach, wie Sie jetzt da sind.

Hat sich Ihr Atem verändert? Wie fühlen Sie sich jetzt?

Ein chinesisches Sprichwort sagt: „Auch die längste Reise beginnt mit dem ersten Schritt." Diese Weisheit gilt auch für den Übungsweg der Meditation. Kleine Schritte sind sinnvoll. Wer die Meditation als Hoffnungsquelle für sich entdecken möchte, sollte jedoch einen Meditationskurs unter fachkundiger Anleitung besuchen.

Hilft Beten?

Mitten in der Corona-Krise brachte die Wochenzeitschrift „Die Zeit" einen Beitrag mit dem Titel „Hilft beten?". Prominente und weniger Prominente äußerten sich zu ihrer Gebetspraxis. So Bodo Ramelow, thüringischer Ministerpräsident und gläubiger Protestant: „Es gibt eine gemeinsame Kraft, die im Gebet entsteht, und manchmal erlebt man plötzlich ein Wunder." Christoph Hertl, ein Krankenpfleger aus Berlin, wird so zitiert: „2019 bin ich aus der Kirche ausgetreten, bete aber trotzdem, manchmal aus Dankbarkeit oder weil es Hoffnung gibt."
Von den persönlichen Erfahrungen abgesehen, fragen Psychologen, Neurologen und Theologen nach der Wirkung von Gebeten.

Der Marburger Religionspsychologe Sebastian Murkeit untersuchte in einer onkologischen Reha-Klinik die Rolle der Religiosität bei der Bewältigung von Brustkrebs. Er unterschied dabei nicht pauschal nach gläubig oder ungläubig, sondern fragte auch nach dem Gottesbild der Patientinnen. Dabei zeigte sich: Glauben und Beten hilft – aber nur unter bestimmten Bedingungen. Murkeits Studie zufolge hilft der Glaube vor allem Gläubigen mit einem positiven Gottesbild. Wer dagegen das Bild eines strafenden Gottes in sich trägt, leidet verstärkt unter Angstgefühlen und Depressionen. Murkeit fasst seine Untersuchung so zusammen: „Religion hilft vor allem denen, die stark daran glauben. Der Glaube aktiviert die Heilungskräfte."

In den Heilungsgeschichten des Neuen Testaments finden wir eine ähnliche Sichtweise. Wenn Jesus Kranke heilt, etwa die „blutflüssige Frau" (Lk 8) oder den blinden Bartimäus, fügt er hinzu: „Dein Glaube hat dir geholfen." Mit Nachdruck ermutigt er zum grenzenlosen Vertrauen auf die Hilfe Gottes: „Bittet, so wird euch gegeben; suchet, so werdet ihr finden; klopft an und euch wird aufgetan." (Mt 7, 7f.) Immer wieder wettert Jesus gegen die „Kleingläubigen", denen das Gottvertrauen fehlt.

Theologen und Mediziner wissen, dass die positive Erwartungshaltung durch den Zuspruch von Vertrauenspersonen, durch Rituale und Sakramente verstärkt wird. Albert Schweitzer fasst die Kraft des Gebetes so zusammen:

„Gebete verändern die Welt nicht.

Aber Gebete ändern die Menschen.

Und Menschen ändern die Welt."

Hoffnung

Geduld

SEHNSUCHT

Stille

Optimismus

viel Liebe

Gelassenheit

Mut

ZUVERSICHT

Geborgenheit

Gebet

SINN

FREUDE

Geschwister der Hoffnung

Viele Regungen des Geistes und der Seele sind mit der Hoffnung verbunden. So die Sehnsucht. „Alles beginnt mit der Sehnsucht", schreibt Nelly Sachs. Manchmal ahnen wir nur undeutlich, wohin der Lebensstrom uns zieht. Die inneren Bilder der Sehnsucht weisen dann den Weg. Eng verwandt mit der Hoffnung ist die Sinnfindung. Auch unerfüllte Hoffnungen bergen Sinnmöglichkeiten. Geduld und Mut motivieren dann zur Sinnsuche.

Sehnsucht

Wie die unerfüllte Hoffnung zeigt die Sehnsucht einen Mangel an. Speziell die Literatur der Romantik im 19. Jahrhundert vermittelte das bittersüße Gefühl der Sehnsucht. In dem Roman „Heinrich von Ofterdingen" von Novalis sehnt sich der Poet nach der blauen Blume, dem Symbol für das Unerreichbare. „Der Jüngling lag unruhig auf seinem Lager", heißt es da „und gedachte des Freundes und seiner Erzählungen." „Nicht die Schätze sind es, die ein so unaussprechliches Verlangen in mir geweckt haben", sagte er zu sich selbst; „fernab liegt mir alle Habsucht. Aber die blaue Blume sehn ich mich zu erblicken." In der Romantik ist das verklärte Ideal Ziel der Sehnsucht.

Die Erziehungs- und Entwicklungsromane, von Johann Wolfgang von Goethe bis hin zu Hermann Hesse, beschreiben oft den Weg eines Menschen von der Kindheit bis ins hohe Alter. Leiden, Verfehlungen und Irrtümer gehören zu diesen Lebensgeschichten ebenso, wie die Sehnsucht nach persönlicher Entfaltung. Gerade die Hauptpersonen, oft Künstler oder Musiker, stehen für das kreative Potential der Sehnsucht.

Lange vor der Romantik gab der griechische Dichter Pindar den Impuls: „Werde, der du bist!" Der Philosoph Aristoteles kommentierte diesen Rat so: „Gut ist es für den Menschen, sich so sehr wie möglich zu verwirklichen und zur Vollendung zu bringen, was er vom Wesen her ist."

Auch die Psychologie spricht heute viel von „Selbstverwirklichung" und „Ganzheit". Damit ist jedoch keine egoistische Nabelschau gemeint. Vielmehr geht es darum, sich mit den eigenen inneren Bildern, wie sie sich in Träumen und Phantasien zeigen, zu befassen. Doch auch von außen kommen Impulse für die eigene Entwicklung. Durch die Begegnung mit Anderen erfahre ich mich selbst. Gerade Carl Gustav Jung betont: „Die Beziehung zum Selbst ist zugleich die Beziehung zum Mitmenschen." Auch nach Viktor Emil Frankl zielt die Sehnsucht nicht auf Selbstverwirklichung, sondern auf Sinnfindung, nicht auf Selbsterkenntnis, sondern auf Selbsthingabe.

Heute bezieht die Tiefenpsychologie in den Prozess der Selbstentfaltung die Bilder des persönlichen Unbewussten, wie sie sich in Träumen und Phantasien zeigen, mit ein. Die Sehnsucht führt den Menschen hin zu einem Dialog mit der eigenen Innenwelt. Die inneren Bilder sind oft Wunschbilder und Bilder der Sehnsucht. Manchmal warnen sie auch vor Gefahren.

„Werde, der du bist!" – Unser Menschsein ist vom Anfang bis zum Ende im Werden. Das Leben birgt bis ins hohe Alter hinein viele Möglichkeiten. Auch wenn unser Leben nie ein Kunstwerk wird, sondern Fragment bleibt, so gilt dennoch: „Werde mehr ganz, als du jetzt bist", so der Tiefenpsychologe Jung.

Neue Studien fragen, wonach Frauen und Männer sich in Deutschland sehnen. Bei Frauen und Männern ranken sich die Sehnsüchte um die großen Grundmotive des Lebens. Ganz oben auf der Liste stehen die Sehnsucht nach Liebe, harmonischer Partnerschaft und Familie. Weitere Ziele der Sehnsucht beziehen sich auf den Beruf, Freundschaften, Gesundheit und Lebensqualität. Dabei hängen die konkreten Inhalte der Sehnsucht auch vom Lebensalter ab. Jüngere sehnen sich nach einer idealen Partnerschaft. Auch nach Enttäuschungen lebt der Traum von der Liebe weiter. Bei Senioren rückt die Familie wieder in den Fokus der Sehnsucht. Mit dem Ende der Erwerbstätigkeit eröffnen sich neue Chancen, bisher ungelebtes Leben zu leben.

Die Sehnsucht führt über die persönliche Entwicklung hinaus. Wie die Hoffnung, so weckt auch die Sehnsucht die Kraft, leidvolle Lebensumstände zu verändern. Der Philosoph Max Horkheimer geht von der menschlichen Sehnsucht nach vollendeter Gerechtigkeit aus. Da die „vollendete Gerechtigkeit" aussteht, hält die Sehnsucht die Hoffnung auf eine gerechte Gesellschaft wach. Moral und Ethik verweisen, so Horkheimer, auf Religion und Theologie: „Theologie ist die Hoffnung, dass das Unrecht nicht das letzte Wort sein möge und dass der Mörder nicht über das unschuldige Opfer triumphiert."

Wie Horkheimer verbindet der Lyriker und suspendierte Priester Ernesto Cardenal religiöses Empfinden mit politischem Engagement. 1980 wurde er für sein Lebenswerk mit dem „Friedenspreis des Deutschen Buchhandels" ausgezeichnet. Sehnsucht ist für Ernesto Cardenal der „unendliche Durst" nach Freude und Glück: „In den Augen aller Menschen wohnt eine unstillbare Sehnsucht. In den Pupillen der Menschen aller Rassen, in den Blicken der Kinder und Greise, der Mütter und liebenden Frauen, in den Augen des Polizisten und des Mörders."

Gerade dann, wenn die eigenen Lebensumstände defizitär empfunden werden, spannt die Sehnsucht ihre Flügel weit auf. Die jüdische Dichterin Nelly Sachs wusste davon:

> *„Alles beginnt mit der Sehnsucht,*
> *immer bleibt im Herzen Raum für mehr,*
> *für Schöneres und Größeres."*

Doch nicht nur der Mangel lässt die Sehnsucht wachsen. Auch da, wo die Sehnsucht an ihr Ziel kommt, bricht sie wieder neu auf. Und so fährt Nelly Sachs fort:

> *„Das ist des Menschen Größe und Not:*
> *Sehnsucht nach Stille,*
> *nach Freundschaft und Liebe.*
> *Und wo die Sehnsucht sich erfüllt,*
> *dort bricht sie noch stärker auf."*

Ist der Mensch unheilbar sehn-süchtig? Kann unser Hoffen und Sehnen überhaupt erfüllt werden? Für Nelly Sachs führt die Sehnsucht hin zur Transzendenz:

„So lass uns unsre Sehnsucht damit anfangen,
Dich zu suchen,
und lass sie damit enden,
Dich gefunden zu haben."

Vom Durst der Seele nach Gott dichten auch die poetischen Teile der Bibel. So der 42. Psalm: „Meine Seele dürstet nach Gott, nach dem lebendigen Gott." Und der Prophet Jesaja bekennt: „Meine Seele sehnt sich nach dir bei Nacht und mein Geist sucht dich in meinem Inneren." Wenn die hebräische Bibel von „Seele" spricht, dann meint sie den Menschen, in dessen Seele das Bild Gottes wohnt.

Sinn

„Hoffnung ist nicht die Überzeugung, dass etwas gut ausgeht, sondern die Gewissheit, dass etwas Sinn hat, egal wie es ausgeht", so der tschechische Dramatiker und Politiker Václav Havel. Diese Interpretation der Hoffnung hängt mit Václav Havels politischer Arbeit zusammen. Als sowjetische Panzer den „Prager Frühling" mit Gewalt stoppten, ließ er sich nicht entmutigen. Er engagierte sich für den demokratischen Aufbruch in seinem Land, wurde zum Sprecher der sanften Revolution und 1989 zum Staatspräsidenten gewählt.

Für Havel wächst aus der Sinnerfahrung die Hoffnung. Sein sinnvolles Engagement orientiert sich an Werten wie Gerechtigkeit und Freiheit. Selbst wenn Initiativen und Projekte scheitern, sind sie nicht vergeblich und bergen den Keim der Hoffnung. Zwar scheiterte das Attentat auf Adolf Hitler am 20. Juli 1944. Dennoch war es nicht sinnlos. Es zeigte der Welt, dass es in Deutschland auch Widerstand gegen die Gewaltherrschaft der Nazis gab.

Sinn und Hoffnung gehören für Václav Havel wie zwei Seiten zu einer Münze. Mit dem Sinnhorizont sind Werte wie Freiheit, Verantwortung und Engagement verbunden. Freiheit bedeutet stets mehr als Widerstand gegen die Unterdrücker. Bei Václav Havel mündet „die Freiheit von etwas" in „die Freiheit zu etwas", konkret in die politische Verantwortung.

Viktor Emil Frankl stellt die Sinnfrage ins Zentrum seiner Psychotherapie. Sein psychiatrisches Credo lautet: „Ich glaube, dass das Leben Sinn birgt, unter allen Umständen und in allen Situationen." Nach Frankl erlebt der Mensch Sinn und Werte als Möglichkeiten, die ihn ansprechen, bzw. als Aufgaben, die ihn fordern. Es geht ihm nicht um einen allgemeinen Sinn des Lebens, sondern um den „kleinen" Sinn für eine konkrete Person in ihrer aktuellen Lebenssituation. Dieser persönliche Sinn kann nicht wie ein Rezept verschrieben werden. Therapeuten und Therapeutinnen unterstützen vielmehr den Prozess der Sinnsuche durch ihre Empathie, ihre Fragen und die Zuversicht, dass Sinnfindung möglich ist.

Wie Václav Havel sieht auch Viktor Frankl Sinnfindung und Wertverwirklichung als zwei Seiten einer Medaille. Genauer unterscheidet er drei Hauptstraßen zum Sinn. Die „schöpferischen Werte" verweisen auf die berufliche Arbeit, auf die Hingabe an eine Aufgabe oder ein ehrenamtliches Engagement. Sie kennzeichnet die Aktivität. Jeder Mensch ist herausgefordert, seine Fähigkeiten und Talente zu entwickeln. Dazu passen die Fragen des Schriftgelehrten Hillel, einem Zeitgenossen Jesu: „Wenn nicht ich es tue – wer soll es tun? Und wenn ich es nicht jetzt tue – wann soll ich es tun? Wenn ich es aber nur für mich selber tue – was bin ich dann?" Die erste Frage prüft: Bin wirklich ich gefordert oder können Andere die Aufgabe besser lösen? Die zweite Frage signalisiert: „Jeder Augenblick ist einmalig und geht unwiderruflich vorbei." Die dritte Frage lenkt den Blick auf das soziale Umfeld.

Die „Erlebniswerte" kennzeichnet die rezeptive Haltung. Sie begegnen im Erlebnis des Schönen, im Erlebnis der Natur oder in der Liebe. Selbst ehemalige Häftlinge von Konzentrationslagern berichten, wie der Anblick eines Sonnenuntergangs sie so überwältigte, dass sich ihre verzweifelte Stimmung aufhellte. Zu den besonderen Erlebniswerten zählt zweifellos die Liebe. Wenn ich die tiefe Zuneigung eines Menschen spüre, befallen mich gewiss keine Sinnzweifel.

Die „Einstellungswerte" zeugen von der Haltung, wie ein Mensch unabänderliches Leiden erträgt. Die Haltung, mit der Jesus oder Sokrates in den Tod gingen, inspiriert die Menschen noch heute. Ihr Vorbild demonstriert, wozu Menschen um der Wahrheit und der Liebe willen fähig sind. Dass auch Menschen in bedrohlichen Situationen Großartiges leisten können, zeigen andere Beispiele aus der jüngeren Geschichte: der heitere Mut der Berliner während der Blockade von

1948/49 oder der disziplinierte Widerstand der DDR-Bürger während der friedlichen Revolution 1989/90.

Die Verwirklichung von Einstellungswerten kann Menschen vor der Verzweiflung bewahren. Verzweiflung definiert Viktor Emil Frankl als Leiden ohne Sinn. Wenn das Leiden an sich auch keinen Sinn hat, so steht es jedem Menschen doch frei, eine sinnvolle Haltung gegenüber einem sinnlosen Ereignis einzunehmen.

Was aber hat alles Leiden, Leisten und Handeln für einen Sinn, wenn der Tod am Ende doch alles zermalmt? Gegen die Propheten der Sinnlosigkeit betont die Sinnlehre, dass gerade die Begrenzung des Lebens zur Sinnverwirklichung herausfordert. Jeder Tag, jede Stunde ist einmalig und birgt Sinnmöglichkeiten. Möglichkeiten, die wir verwirklichen, werden Teil unserer Biografie und gehören zur persönlichen Lebensbilanz. Verpasste Chancen bleiben ungelebtes Leben. Irrtümer, Fehlentscheidungen und Schuld widersprechen nicht dem Sinn. Sie gehören zur „condition humaine". Im jüdischen Talmud steht der gute Rat: „Es wird von dir nicht verlangt, dass du dein Werk vollendest, nur im Stich lassen darfst du es nicht."

Die Frage nach dem „kleinen" Sinn im Leben provoziert die Frage nach einem tragenden Sinngrund bzw. einem umfassenden Sinnganzen. Der Physiker und Nobelpreisträger Albert Einstein kleidet seinen Glauben an einen letzten Sinn in die Worte: „Ich kann nicht glauben, dass Gott mit der Welt Würfel spielt." Diese Sinnhypothese kann nicht im Experiment verifiziert werden und ist doch vernünftig. Albert Einstein fährt fort: „Wer sein eigenes Leben und das seiner Mitmenschen als sinnlos empfindet, der ist nicht nur unglücklich, sondern auch kaum lebensfähig."

Die Zuversicht des Sinnglaubens berührt den Horizont der Religion. Der Theologe Paul Tillich versteht die Sinnfrage als religiöse Suchbewegung: „Religiös sein bedeutet, leidenschaftlich nach dem Sinn des Lebens zu fragen und für Antworten offen zu sein, auch wenn sie uns tief erschüttern." Die Sinnsuche weist über die Alltagserfahrung hinaus. Sie gibt so etwas wie eine Ahnung, ein Vorwissen um den Sinn. Wie menschliches Leben auf Hoffnung hin ausgelegt ist, so ist es auf Sinnmöglichkeiten ausgerichtet. Solange der Mensch atmet, hofft er und glaubt an einen Sinn.

In dem Gedichtband „Ungelebtes Leben leben" schreibt Werner Sprenger:

„Wenn dein Leben
seinen Sinn verloren hat,
so muss es doch einmal
einen gehabt haben.
Und frag nicht mich
nach dem Sinn des Lebens.
Frag deine Traurigkeit,
in der du ihn spürst.
Diese Traurigkeit
ist deine Hoffnung.“

Mut

Erinnern Sie sich an eine Situation, in der Sie Mut bewiesen haben? Vielleicht beim Sprung vom Fünfmeterturm im Freibad? Vielleicht bei einem schwierigen Gespräch, wo man ein „Ja" hören wollte und Sie „Nein" gesagt haben? Vor solchen Situationen fühlen wir uns unsicher oder haben ein mulmiges Gefühl. Nachdem wir Mut gezeigt haben, fühlen wir uns stark und gut.

Mut ist eine Bewegung der Seele und des Geistes. Die deutsche Sprache unterscheidet zwischen tapfer und mutig. Tapferkeit, verstanden als Stärke, war im Mittelalter eine ritterliche Tugend. Heute konvergieren Wissen und Vernunft mit Mut. Für den Philosophen Kant ist der Mut an die kritische Vernunft gebunden: „Habe den Mut, dich deines Verstandes ohne Anleitung eines anderen zu bedienen."

Theologisch betrachtet ist der Mut eine Frucht des Glaubens und mit den Tugenden der Hoffnung und der Liebe verbunden. Der Mut hört auf die Vernunft und wächst aus dem Gottvertrauen. So überwindet er den Kleinmut und die Angst.

Heute testen Extremsportler beim Bungeejumping oder bei extremen Bergtouren ihre Grenzen aus. Der Mut schlägt dann manchmal um in Über-mut. Nicht nur die Volksweisheit sieht den übertriebenen Mut kritisch: „Übermut tut selten gut." Noch eine andere Variante des Mutes ist fragwürdig: der Mut der Verzweiflung. Faschisten wie Hitler und Mussolini hatten ihn und haben Millionen von Menschen in den Tod gerissen. Der Mut der Verzweiflung wurzelt in einer destruktiven, verzweifelten Einstellung. Er ist irrational und blind für die Folgen des eigenen Handelns.

Die Lehrer der Philosophie, von Sokrates bis Kant, binden den Mut an das eigenständige Denken. Und Friedrich Schiller betont: „Wer nicht waget, der darf nichts hoffen." Der Mut, selbst zu denken und zu entscheiden ist mit Risiken verbunden. Er wird von persönlichen Überzeugungen gespeist. Ein von seiner Geschäftsidee überzeugter Unternehmer wird den Mut zum Risiko aufbringen. Forscher, die von ihren Hypothesen überzeugt sind, werden sie öffentlich vertreten, auch wenn sie dabei gegen den wissenschaftlichen Strom schwimmen. Mut bedeutet für die eigenen Werte einzustehen, auch wenn damit Nachteile verbunden sind.

Zu jeder Zeit gab es herausragende Beispiele für diesen Mut, der sich aus religiösen oder humanistischen Quellen speiste. Für die alten Griechen wurde Sokrates zum Vorbild. Die Athener klagten ihn wegen Gottlosigkeit und Verführung der Jugend an. Dabei hatte der Philosoph lediglich das populäre Wissen als Nichtwissen entlarvt und die Grenzen seines eigenen Wissens betont: „Ich weiß, dass ich nicht weiß." Nach dem Todesurteil raten ihm Freunde aus Athen zu fliehen. Doch Sokrates lehnt ab und trinkt den Giftbecher.

2000 Jahre später steht der Augustinermönch Martin Luther vor dem Kaiser und den Kurfürsten beim Reichstag in Worms. Er soll seine kritischen Thesen widerrufen. Doch Martin Luther lehnt aus Gewissensgründen ab: „Hier stehe ich, ich kann nicht anders. Gott helfe mir. Amen."

Im 20. Jahrhundert bietet Mahatma Gandhi mit seinem gewaltfreien Widerstand einem Weltreich die Stirn. Rosa Parks wird zu einer Ikone der Bürgerrechtsbewegung, weil sie sich weigert, ihren Sitzplatz im Bus für einen weißen Mann zu räumen. Und Nelson Mandela verbringt 27 Jahre seines Lebens in einer engen Gefängniszelle auf Robben Island, weil er sich für die Rechte der Schwarzen in Südafrika einsetzt. Der Mut dieser Männer und Frauen ermutigt.

Ihr Beispiel wirft die Frage auf, was den Mut fördert. Gibt es eine Erziehung zur Zivilcourage? Gewiss spielen dabei Werte und Vorbilder eine Rolle. Wichtiger noch aber ist die Überwindung der Angst. Gerade die Angst hemmt oft den Mut. Seelsorger und Seelsorgerinnen ermutigen deshalb zum Gottvertrauen. Der Glaube versetzt Berge.

Psychologen raten dazu, nicht vor der Angst wegzulaufen, sondern sie anzuschauen: Wovor fürchte ich mich eigentlich? – Nicht selten verzerrt die Angst die Realität. Sie setzt Menschen und Dingen furchterregende Masken auf. Die

Führerscheinprüfung wird zur Schicksalsfrage hochstilisiert. Kritiker erscheinen größer und mächtiger als sie sind. Nachteile und Widerstände werden überschätzt. Nehmen wir Menschen und Dingen die furchterregenden Masken ab, dann erscheinen sie nicht mehr so bedrohlich.

Für die freiheitliche Demokratie ist Zivilcourage unverzichtbar. In Erziehung und Bildung geht es darum, zu selbständigem Denken und Urteilen zu ermutigen. Positive Resonanzen stärken dabei das Selbstvertrauen und den Mut. Mutige Menschen übernehmen Verantwortung. Sie wagen den Wandel. Sie sind lebendige Zeichen der Hoffnung.

Geduld

In der Warteschleife am Telefon, in der Schlange vor der Kasse im Supermarkt oder beim Warten auf einen verspäteten Zug spüren wir unsere Ungeduld. Möglichst viel in möglichst kurzer Zeit zu erledigen, diesen Anspruch stellen wir an Andere und an uns selbst. Doch woher kommt diese Ungeduld? Wer oder was treibt uns an?

Viele Menschen werden durch die ökonomische Logik angetrieben. Profit- und Effizienzdenken bestimmen die Organisation der beruflichen Arbeit. Schon im Jahr 1748 schrieb Benjamin Franklin an junge Kaufleute: „Time is money!"

In den vergangenen Jahrzehnten erfasste die ökonomische Logik das Gesundheitswesen, den Kulturbetrieb, den Profisport und die soziale Arbeit. Doch wir setzen uns auch selbst unter Druck. Der Psychotherapeut Taibi Kahler beschreibt fünf „innere Antreiber": „Sei stark! – „Sei perfekt!" – „Beeile dich!" – „Mach es allen recht!" – Streng dich an!".

Hinter diesen inneren Antreibern stecken, so Taibi Kahler, unbewusste Verhaltensmuster und Erziehungsregeln. Sie stecken tief in uns und führen nicht selten zu Erschöpfungszuständen. Der französische Soziologe Alain Ehrenberg spricht vom „erschöpften Selbst" und sieht die Depression als Kehrseite zu Beschleunigung und Perfektionismus.

Im Gegensatz zu den äußeren und inneren Antreibern sehen die Religionen und auch die Philosophie die „Langsamkeit" positiv. Für die griechische und die römische Philosophie ist die Geduld eine Tugend. Sie versteht unter Geduld das tapfere Standhalten, die Ausdauer und das Warten können auf den rechten Augenblick des Handelns. Geduld ist ein Zeichen der

Stärke. In diesem Sinn lautet ein chinesisches Sprichwort: „Ein Moment der Geduld kann eine Katastrophe verhindern. Ein Moment der Ungeduld kann ein Leben ruinieren."

Die stoische Philosophie achtet die Geduld als Kraft der Vernunft und als Ausdruck von Weisheit. Im gelassenen Ertragen des Schicksals beweist der Stoiker seine Freiheit gegenüber den Wechselfällen des Lebens. Das lateinische Wort für Geduld – „patientia" bedeutet auch leiden, ertragen, aushalten. Wer Niederlagen durchsteht, Krankheit und Leiden erträgt, zeigt Seelenstärke.

Auch Juden, Christen, Muslime und Buddhisten schätzen die Geduld. Zumindest in der Theorie. Die Weisheit der hebräischen Bibel lehrt die Geduld: „Wer geduldig ist, ist weise, wer aber ungeduldig ist, offenbart seine Torheit" (Sprüche 14, 29).

„Ein Geduldiger ist besser als ein Starker, und wer sich selbst beherrscht, besser als einer, der Städte einnimmt" (Sprüche 16, 32). Die hebräische Bibel schätzt die Geduld nicht nur als menschliche, sondern auch als göttliche Tugend. So bekennt der Beter des 103. Psalms: „Barmherzig und gnädig ist der HERR, geduldig und von großer Güte." Die Geschichte Gottes mit den Menschen ist eine Geschichte der Geduld. Deshalb bezeichnet der Apostel Paulus die Geduld als „Frucht des Heiligen Geistes." Geduld, als Frucht des Geistes, wurzelt im Vertrauen auf die Geduld Gottes. Gerade Menschen, die unter dem „Beeile-Dich"-Antreiber leiden, werden von ihrer Angst und ihrer inneren Unruhe getrieben. Der Glaube dagegen lebt aus dem Vertrauen, dass alles so kommt, wie es kommen soll, wenn die Zeit reif ist.

Wie können wir uns von den inneren Antreibern befreien? – Zunächst ist es gut, wenn wir ihnen zuhören. Woher kommt die fordernde Stimme? Durch den inneren Dialog wird klar: Es ist eine fremde Stimme. Sie übertönt die eigenen Bedürfnisse. Manchmal erkennen wir, dass diese Stimme klingt, wie die Stimme des Vaters oder der Mutter, wie die Stimme von Lehrern und Vorgesetzten. Wir können sie in die Schranken weisen und widersprechen: „Ich nehme mir die Zeit, die ich brauche." – „Ich muss nicht perfekt sein!"

Geduld können wir üben. Geduld können wir lernen. Davon sind die verschiedenen spirituellen Wege überzeugt. Gerade die jüdisch-christliche Tradition betont den Rhythmus des Lebens. Den Wechsel von Arbeit und Ruhe. Am Sabbat feiern die Juden die Befreiung von den Zwängen des Lebens. Die Christen feiern am Sonntag die Auferweckung Christi. Gerade die Feiertage bieten die Chance zur Besinnung. Auch die Chance auf die eigene innere Stimme zu hören. Dass die Sonntagsruhe in den vergangenen Jahren immer mehr ausgehöhlt wurde, ist gewiss kein kultureller Fortschritt.

Im Leben lässt sich nichts erzwingen. Alles hat seine Zeit. Der Schlüssel zu allem ist die Geduld. „Du bekommst das Huhn, indem du das Ei brütest, nicht indem du es zerschlägst", sagt man in Finnland. Während der Corona-Pandemie mussten wir im Alltag oft Geduld üben. Die Entschleunigung haben viele Menschen durchaus positiv erlebt. Manchmal ahnen wir die Vorzüge der Geduld. In seinem Gedicht „Was mich bewegt" empfiehlt Rainer Maria Rilke, auch mit sich selbst Geduld zu üben:

„Man muss den Dingen
die eigene, stille,
ungestillte Entwicklung lassen,
die tief von innen kommt,
und durch nichts beschleunigt werden kann;
alles ist austragen – und dann Gebären.

Man muss Geduld haben,
gegen das Ungelöste im Herzen
und versuchen,
die Fragen selber lieb zu haben.
Wenn man die Fragen lebt,
lebt man vielleicht allmählich,
ohne es zu merken
eines fremden Tages
in die Antwort hinein."

Freude

„No sports, just whisky and cigars", so beschrieb einst Winston Churchill seinen Lebensstil. Er bezahlte dafür mit Fettleibigkeit und schweren Depressionen. Die Ergebnisse der Gesundheitsforschung sind heute eindeutig: wer regelmäßig Sport treibt, fühlt sich besser, hat mehr Selbstvertrauen und leidet seltener an depressiven Verstimmungen. Schon Rousseau wusste um die Wechselwirkungen von Körper und Seele: „Vor allem der Seele wegen ist es nötig, den Körper zu üben."
Warum fördert die Bewegung die gute Laune? Neurologen machen dafür die Hormone Serotonin und die Endorphine verantwortlich.

Bei körperlichen Aktivitäten werden sie vom Gehirn verstärkt produziert. Auch ein guter Schoppen Wein und leckeres Essen setzen Endorphine frei.

Schon die Bibel kennt die positiven Wirkungen von sinnlichen Genüssen: „Der Wein erfreut des Menschen Herz und ein fröhlicher Mensch achtet auf seine Speisen." Selbst der skeptische „Prediger" fordert dazu auf, Essen und Trinken, Erotik und Partnerschaft zu genießen. Verse aus dem Buch Sirach klingen wie ein psychologischer Rat: „Gib deine Seele nicht der Traurigkeit hin und betrübe dich nicht selbst mit deinen Gedanken."

Gerade das Grübeln und Kreisen um Probleme verstärkt die eigene Traurigkeit. Die beste Medizin dagegen ist es, die Aufmerksamkeit auf gute Erinnerungen oder auf eine sinnvolle Tätigkeit zu lenken. Arbeit brauchen wir nicht nur, um unseren Lebensunterhalt zu verdienen. Der französische Philosoph Alain Ehrenberg bemerkt zu Recht: „Der Mensch beschäftigt sich damit, sein Glück zu suchen, aber sein größtes Glück liegt darin, dass er beschäftigt ist." Die Aktivitäten müssen nicht spektakulär sein, entscheidend ist, dass sie sinnvoll erscheinen.

Besondere Freude erleben wir dann, wenn wir etwas für andere tun. Selbst wenn wir nur einem verirrten Touristen den Weg zeigen, oder einem Rollstuhlfahrer die Tür aufhalten, haben wir ein gutes Gefühl. Die neue Glücksforschung kommt zu dem Ergebnis, dass die Menschen am glücklichsten sind, denen neben dem eigenen Wohlergehen das Glück ihrer Mitmenschen am Herzen liegt. Der Mensch ist ein soziales Wesen und kein einsamer Wolf, auch wenn Westernhelden und Künstlerfiguren wie der „Steppenwolf" das nahelegen.

Einsamkeit bedeutet Stress, macht traurig und krank. Die eigenen und die fremden Interessen sind keine fundamentalen Gegensätze. Wer auf Dauer bestehen will, kann es nur mit den Menschen seiner Umgebung. Dabei erfahren wir: „Menschen, denen wir eine Stütze sind, geben uns den Halt im Leben" (Marie von Ebner-Eschenbach).

Zur sozialen Dimension der Freude passt die Erfahrung: „Geteilte Freude ist doppelte Freude." Gemeint ist die mitgeteilte Freude, wie sie auch im Gleichnis „Vom verlorenen Groschen" zum Ausdruck kommt. Nachdem die Frau den verlorenen Silbergroschen gefunden hat, trommelt sie ihre Nachbarinnen zusammen und teilt ihre Freude mit ihnen. Wenn wir uns freuen, stecken wir andere mit unserer Freude an.

Umgekehrt fördert die Freude der anderen unsere eigene Freude.

Wenn die Stimmung unseres Nächsten steigt, dann weckt das in uns selbst gute Gefühle. Zu diesem Ergebnis kommen neue Forschungen zur Kommunikation. Die Erklärung für dieses Phänomen liegt in den erst vor kurzem entdeckten „Spiegelneuronen". Diese Nervenzellen bilden die Basis von Mitgefühl und Intuition.

Für viele Menschen ist die Musik eine Quelle der Freude. Egal, ob die Walzer von Johann Strauß, die Opern von Mozart, die Sinfonien von Beethoven oder die Songs der Beatles: Musik sorgt für Glücksgefühle.

Der Ulmer Psychiater Manfred Spitzer untersuchte die Wirkung von Musik auf depressive Patienten und Patientinnen und fand heraus: Musikhören reduziert die Stresshormone und hellt die Stimmung auf. Allerdings nur dann, wenn die Musik dem eigenen Geschmack entspricht. Wird die Musik nicht nur gehört, sondern wird selbst musiziert, gesungen oder getanzt, dann potenzieren sich die Glücksgefühle.

Die Musikkritik der „Nürnberger Nachrichten" feierte am 30. Mai 2020 das neue Album von Lady Gaga als „Antidepressivum in Corona-

Zeiten". „Die 13 Songs versetzen in Ekstase und Dauereuphorie, aus der man vor Glückseligkeit glucksend nach 43 Minuten wieder erwacht." Klassikfans begeistert Johann Sebastian Bach seit 280 Jahren mit seinen Kantaten, Oratorien und Konzerten. Gefragt, was ihm die Musik Bachs bedeute, antwortete der Arzt und Bachforscher Albert Schweitzer: „Was mir Bach ist? – Ein Tröster!" Musik versetzt in Ekstase. Musik tröstet. Eine Frau schrieb nach der Beerdigung ihres Mannes in ihr Tagebuch: „Nach der Trauerfeier ging ich gleich nachhause und hörte die Matthäuspassion. Die schwermütige Schönheit des Schlusschorals, vom „Windsbacher Knabenchor" gesungen, hat mich getröstet."

Ob nun Bach oder die Beatles, Mozart oder die „Windsbacher" – Musik ist Balsam für die Seele.

Ausblick

Wir erleben zurzeit eine Krise, die weitreichende Folgen haben wird. Dabei ist die Zukunft wie immer offen. Werden sich mit dem Virus Verschwörungstheorien weiterverbreiten? Werden neue Verwerfungen in unserer Gesellschaft aufbrechen? Durchaus möglich.

Ich sehe allerdings viel Positives. Blicken wir auf die Liste der Regierung von den unverzichtbaren Berufen, dann finden wir dort Krankenpfleger und Krankenpflegerinnen, Lehrerinnen und Lehrer und Müllmänner. Diese Berufe bekommen leider nicht immer den Respekt und den Lohn, den sie verdienen.

Die Lektionen dieser Krise führten auch zu neuem Vertrauen in die staatlichen Institutionen. Lange wurde uns erzählt, der Staat soll sich so weit wie möglich aus der Wirtschaft heraushalten. Nun stellen wir fest: Die Wirtschat braucht flankierende Hilfen durch den Staat.

Das alte Dogma der Pessimisten war: Der Mensch ist egoistisch. Nicht selten förderten auch Theologie und Kirchen ein eher negatives Menschenbild. Nur: Was man den Leuten unterstellt, bekommt man von ihnen zurück. Während der Corona-Pandemie erleben wir: Die meisten Menschen verhalten sich anständig. Sie sind hilfsbereit und rücksichtsvoll. Auf jeden Hamsterkauf kommen tausend Krankenpfleger und Krankenpflegerinnen, die ihre Patienten liebevoll pflegen.

Viele Wissenschaftler sind in den vergangenen Jahren zu einer positiveren Sicht auf den Menschen gelangt. Dabei behauptet niemand, dass die Menschen Engel sind. Aber die Evolution des Menschen basiert tatsächlich auf Kooperation und Freundlichkeit. Ein Liedvers aus dem evangelischen Gesangbuch (EG 395) verdichtet die Zuversicht des Glaubens so:

„Vertraut den neuen Wegen
und wandert in die Zeit!
Gott will, dass ihr ein Segen
für seine Erde seid.

Wer aufbricht, der kann hoffen,
in Zeit und Ewigkeit.
Die Tore stehen offen.
Das Land ist hell und weit."

Literatur

Bloch, Ernst: **Das Prinzip Hoffnung,** Bd. 1,
Frankfurt a. M. 1976

Bonhoeffer, Dietrich: **Widerstand und Ergebung,**
München 1951

Böschemeyer, Uwe: **Unsere Tiefe ist hell,** München 2005

Eagleton, Terry: **Hoffnungsvoll aber nicht optimistisch,**
Berlin 2016

Einstein, Albert: **Worte in Zeit und Raum,**
Freiburg i. Br. 1991

Frankl, Viktor: **Wer ein Warum zu leben hat,** 3. Aufl.,
Weinheim 2020

Frankl, Viktor: **… trotzdem Ja zum Leben sagen,** 2. Aufl.,
München 1982

Fromm, Erich: **Die Kunst des Liebens,** 66. Aufl.,
Berlin 2007

Grün, Anselm: **Das kleine Buch der Tugenden,**
München 2001

Hesse, Hermann: **Lektüre für Minuten,** 12. Aufl.,
Frankfurt 1978

Hüther, Gerald: **Würde,** München 2018

Marcel, Gabriel: **Homo viator,** Düsseldorf 1949

Moltmann, Jürgen: **Theologie der Hoffnung,** 9. Aufl., München 1968

Kaschnitz, Marie Luise: **Seid nicht so sicher,** Gütersloh 1979

Popper, Karl: **Alles Leben ist Problemlösen,** München 1994

Riess, Richard: **Auf der Suche nach dem eigenen Ort,** Stuttgart 2006

Riess, Richard: **Freundschaft,** Darmstadt 2014

Rilke, Rainer Maria: **Das Stundenbuch,** Leipzig 1905

Röhlin, Karl-Heinz, **Sinnorientierte Seelsorge,** 3. Aufl., München 2005

Sachs, Nelly: **Fahrt ins Staublose,** Frankfurt a. M. 1961

Sprenger, Werner: **Ungelebtes Leben Leben,** Konstanz 1983

Weischedel, Wilhelm: **Die philosophische Hintertreppe,** 4. Aufl., München 1974

Dank

Zum Schluss danke ich Ihnen, liebe Leserinnen und Leser, für Ihre Geduld beim Lesen dieses Buches. Ich hoffe, Sie haben an der einen oder anderen Stelle einen Gedanken gefunden, der Sie ermutigt hat.

Mein Dank gilt Herrn Prof. em. Richard Riess. Seit vielen Jahren sind wir durch intensive theologische Gespräche und freundschaftlich verbunden. Auch in diesem Buch finden sich anregende Hinweise von ihm.

Beim Schreiben habe ich nicht immer auf gendergerechte Sprache geachtet. Deshalb danke ich insbesondere den Leserinnen und Lesern, die das Buch deshalb nicht gleich zur Seite gelegt haben.

Mein Dank gilt auch meiner Ehefrau Ruth. Sie hat die Entstehung dieses Buches geduldig begleitet und durch ihre Literaturkenntnis gefördert.

Besonders danke ich Frau Annemarie Spanner. Sie erstellte die Druckvorlage und korrigierte manchen Fehler.

Frau Silvia Bachl, Mediengestalterin des Freimund Verlags, entwarf mit großer Sorgfalt und Kreativität das Layout des Buches. Auch dafür herzlichen Dank.

Last not least danken wir der Evang.-Luth. Kirche in Bayern für den großzügigen Zuschuß zu den Druckkosten.

Zum Autor

Karl-Heinz Röhlin, geb. 1951, studierte in Neuendettelsau und München Evangelische Theologie und Philosopie. 1984 promovierte er an der Friedrich-Alexander-Universität in Erlangen mit dem Thema „Seelsorge und Logotherapie". Bei Viktor Emil Frankl in Wien absolvierte er die Ausbildung zum Logotherapeuten.

Nach seiner Ordination wirkte Karl-Heinz Röhlin in Trogen, Dekanat Hof. Anschließend wechselte er als Referent für Seelsorge ins Landeskirchenamt nach München. Von 1990 bis 1997 leitete er die Landvolkshochschule in Pappenheim und wurde dann als Kreisdekan nach Nürnberg berufen.

In seiner letzten Berufsphase leitete Röhlin das Pastoralkolleg in Neuendettelsau, eine Fortbildungseinrichtung für Pfarrerinnen und Pfarrer.

Er ist Mitglied im „Evang. Konvent Kloster Heilsbronn" und arbeitet ehrenamtlich im Vorstand der „Bürgerbewegung für Menschenwürde in Mittelfranken" sowie in der Kurseelsorge in Bayern mit.

Bildnachweise: Seite 12, 44, 78, 106: Freie Datenbank pixabay

WWW.FREIMUND-VERLAG.DE